本书得到广东省重点建设学科科研能力提升项目 (2022ZDJS094)、
广东省基础与应用基础研究基金区域联合基金 (2022A1515111213)、
2024 年广州市教育局高校科研项目 (2024312180) 的资助。

“双碳”目标下的港口区域减排决策分析

周海英 等 著

中国财经出版传媒集团
中国财政经济出版社
·北 京·

图书在版编目（CIP）数据

“双碳”目标下的港口区域减排决策分析 / 周海英等著 . 北京：中国财政经济出版社，2025. 4. -- ISBN 978 - 7 - 5223 - 3779 - 1

Ⅰ. U65

中国国家版本馆 CIP 数据核字第 2025D2S599 号

责任编辑：朱伟铭　　　　责任校对：徐艳丽

封面设计：陈宇琰　　　　责任印制：张　健

“双碳”目标下的港口区域减排决策分析

“SHUANGTAN” MUBIAO XIA DE GANGKOU QUYU JIANPAI JUECE FENXI

中国财政经济出版社 出版

URL：http：//www. cfeph. cn

E - mail：cfeph@ cfeph. cn

社址：北京市海淀区阜成路甲 28 号　邮政编码：100142

营销中心电话：010 - 88191522

天猫网店：中国财政经济出版社旗舰店

网址：https：//zgczjjcbs. tmall. com

涿州汇美亿浓印刷有限公司印刷　各地新华书店经销

成品尺寸：170mm × 240mm　16 开　11. 5 印张　149 000 字

2025 年 4 月第 1 版　2025 年 4 月河北第 1 次印刷

定价：68. 00 元

ISBN 978 - 7 - 5223 - 3779 - 1

（图书出现印装问题，本社负责调换，电话：010 - 88190548）

本社图书质量投诉电话：010 - 88190744

打击盗版举报热线：010 - 88191661　QQ：2242791300

前　　言

在全球气候变化和环境保护的双重压力下，低碳和绿色发展已成为各国经济社会发展的重要方向。自2020年我国提出“2030年实现碳达峰，2060年实现碳中和”的“双碳”目标后，技术减排逐渐成为我国减排任务的发力关键点。2022年3月2日，中国科学院在北京宣布启动“中国科学院科技支撑碳达峰碳中和战略行动计划”，力争到2025年，突破支撑碳达峰的关键技术；到2030年，支撑碳达峰的关键技术达到国家先进水平；2060年，突破一批原创性、颠覆性技术并实现应用。

港口作为全球贸易和物流的重要节点，在经济发展中扮演着不可或缺的角色。然而，港口的建设和运营活动也伴随着大量的能源消耗和温室气体排放，对环境造成了不小的压力。在“2022中国蓝天先锋论坛”上，亚洲清洁空气中心发布的《蓝港先锋2022：中国典型港口空气与气候协同力评价》和《航运先锋2022：航运减污降碳进展研究》建议，政府部门需持续强化政策顶层设计，港口与航运企业应积极制定绿色发展战略和减排目标，探索创新多方合作的减排模式，加快实现港口与航运业的绿色转型，推动交通强国的建设。港口集疏运卡车、港作机械、港内车辆清洁化，以及岸电覆盖率、营运船舶减排等已被纳入我国“十四五”相关规划。推动减污降碳协同增效，已成为港口和航运的一个热点议题。

在此背景下，如何实现港口的低碳转型，推进减排工作，成为亟待解决的重要问题。本书将系统探讨在“双碳”目标下，港口如何进行有效的减排技术决策，以期为港口的绿色发展提供科学指导和实际参考。

主要内容如下：

（1）考虑补贴的港口减排决策。从供应链视角，考虑政府补贴，构建港口与船舶减排决策博弈模型，探讨港航企业集中决策、分散决策情形下的减排决策问题。结果表明：在供应链结构决策上，集中决策下的港航供应链定价低于分散决策下的定价，而总体利润和排放量则高于分散决策下的。在减排技术决策上，当补贴较低时，港航供应链采用低硫油（LSFO）技术，但此时使用低硫油的总排放量大于使用岸电的总排放量；当补贴较高时，港航供应链采用岸电技术（SP），但此时使用岸电的总排放量大于使用低硫油的总排放量；而当补贴在适当范围内时，港航供应链采用低硫油技术，此时港航企业可以实现利润最大化，同时政府也可实现排放控制，港航企业与政府双赢。

（2）考虑补贴和客户低碳偏好的港口减排决策。从供应链视角，考虑政府补贴和客户低碳偏好，构建港口与船舶减排决策博弈模型，分析三种权力结构（船舶主导的斯塔克尔伯格博弈、港口主导的斯塔克尔伯格博弈、港口与船舶处于同等地位的纳什博弈）下的港口与船舶减排技术决策行为。结果表明：在港口供应链中，无论是港口还是船舶，在博弈中作为领导者总是比作为跟随者获得更多的利润。纳什博弈中供应链的利润高于一方主导的斯塔克尔伯格博弈中的利润。因此，从供应链整体利润最大化角度来看，港口与船舶处于平等关系是更好的选择。当港口和船公司处于相对平等的关系时，他们往往会以较低的价格吸引更多的客户来扩大市场，从而产生更多的排放。而在斯塔克尔伯格博弈中，领导者总是有限制其他人提供服务的动机，从而导致排放减少。因此，从排放控制的角度来看，港口或船舶一方处于主导关系是更好的选择。SP 是比 LSFO 更昂贵但却更有效的减排技术，当补贴和消费者的低碳偏好较低时，从利润最大化角度来看，具备低成本优势的 LSFO 是供应链的首选；当补贴和消费者的低碳偏好较高时，SP 则是更好的选择。

（3）碳交易下，考虑客户低碳偏好的港口减排决策。从供应链视角，在政府碳交易政策下，考虑客户低碳偏好，构建港口与船舶减排决策博弈模型，分析三种权力结构（船舶主导的斯塔克尔伯格博弈、港口主导的斯塔克尔伯格博弈、港口与船舶处于同等地位的纳什博弈）下的港口与船舶减排技术决策行为。首先，在港口供应链中，在所有三种权力结构下，领导者总是更多地考虑定价对总需求的影响，考虑到碳价格和低碳偏好的影响。因此，纳什博弈的最优价格往往低于一方占主导优势的斯塔克尔伯格博弈的最优价格。从供应链总利润最大角度，双方处于平衡地位的纳什博弈比一方占主导地位的斯塔克尔伯格博弈更好。一般情况下，当碳价格和客户的低碳偏好都较低时，首选 LSFO，否则使用 SP 是更好的选择。其次，从排放控制的角度来看，一方主导的斯塔克尔伯格博弈总是比纳什博弈产生更少的碳排放。一般情况下，当碳价格和客户的低碳偏好都较低时，供应链使用 LSFO 减排比使用 SP 更可取，否则采用 SP 应该是更好的选择。最后，从社会福利最大化的角度来看，在低环境关注下，纳什博弈比斯塔克尔伯格博弈能获得更高的社会福利；而在环境关注度高的情况下，斯塔克尔伯格博弈的社会福利则大于纳什博弈下的社会福利。然而，两种技术的社会福利比较更为复杂，一般情况下，当碳价格、客户的低碳偏好和环境关注度都较低或都较高时，使用 LSFO 是较好的选择，否则，使用 SP 则是首选。

（4）岸电减排决策研究。船舶靠港使用岸电，是减少港口污染物排放的有效手段，也是“双碳”目标下绿色港口发展的必然要求。从供应链视角，利用博弈方法，构建政府补贴政策下，港口和船舶采用岸电减排的博弈模型，分析三种权力结构（船舶主导的斯塔克尔伯格博弈、港口主导的斯塔克尔伯格博弈、港口与船舶处于同等地位的纳什博弈）下的港口与船舶减排决策行为。结果表明：港口与船舶处于同等地位情形下的政府补贴最小；当岸电接电时间较短时，一方处于主导地位（船舶主导和港口主导）的港航供应链整体利润最大；而当岸电接电时间较长时，港口与船舶处于平等地位的港航供应链整体利润最大。三种权力结构下的排放量和社会福利不变。

本书的不足之处主要总结如下：

（1）限于时间和精力，未能对其他的减排技术进行研究，只是比较了补贴、碳交易、客户低碳偏好下的岸电和低硫油减排技术的经济效益和社会效益。

（2）在实践中，港航企业的减排决策受到多种因素的影响，影响因素主要包括港口资源、船舶特点、港口之间的竞争关系、船舶之间的竞争关系以及市场需求的不确定性等，港口和航运企业的减排技术选择更为复杂。因此，一个更符合实际的考虑多港口、多航运公司、随机航运市场需求的供应链是未来的研究方向。

今后研究中应给予重视的课题：

绿色港口建设已经成为经济发展的重要任务，我国重视绿色发展，探索绿色港口建设的技术、方法，实施了一系列的政策，采取了相应的措施，已取得不错的成果，但仍然还有许多问题还需进一步探讨和研究。

（1）绿色港口技术。关于绿色港口技术，本书只研究了低硫油和岸电两种技术，而对于其他的如清洁能源（太阳能、风能、氢能）、低排放设备（电动或混合动力的起重机、拖车和货物装卸设备）、智能物流和自动化、废水和废物管理等并未进行研究，而这些技术有助于减少港口对环境的影响，还能提高运营效率，降低运营成本，符合全球碳减排和可持续发展的趋势，有待进一步研究。

（2）绿色港口减排投资。绿色港口减排投资主要是指港口和相关企业为了实现环境保护和可持续发展目标，投入资金用于应用和发展绿色技术、基础设施升级以及管理优化的各项举措。这类投资旨在减少港口运营过程中产生的碳排放、空气污染和其他环境影响，同时提升能源利用效率。目前，绿色港口减排投资的研究在技术创新、政策激励、智能化管理等方面取得了显著进展，并在多个领域得到了实践应用。然而，如何有效评估投资效益、制定合理的激励政策、推动技术标准化与区域合作，仍是未来研究的关键方向。

作者

2025 年 3 月

目　　录

第一章　绪论……………………………………………………………… 1

1.1　“双碳”目标与港口的减排需求　……………………………… 4
1.2　港口减排的挑战与机遇　………………………………………… 6
1.3　港口区域岸电（SP）和低硫油（LSFO）减排决策 …… 12
1.4　研究意义…………………………………………………………… 16
1.5　研究方法与研究思路……………………………………………… 18
1.6　本书的结构安排…………………………………………………… 19

第二章　国内外研究现状　………………………………………………… 25

2.1　绿色港口和海洋运输物流………………………………………… 28
2.2　绿色港口政策……………………………………………………… 29
2.3　绿色港口技术研究现状…………………………………………… 35
2.4　客户低碳偏好研究现状…………………………………………… 42

第三章　考虑政府补贴的港口与船舶减排决策研究　…………………… 45

3.1　问题描述…………………………………………………………… 51
3.2　模型建立…………………………………………………………… 51
3.3　使用 SP 的模型求解　…………………………………………… 54
3.4　使用 LSFO 的模型求解　………………………………………… 58
3.5　结果分析…………………………………………………………… 62

3.6 数据仿真 …… 66
3.7 本章小结 …… 70

第四章 补贴与低碳偏好下的港口减排决策分析 …… 73

4.1 文献回顾 …… 76
4.2 问题描述 …… 78
4.3 模型建立 …… 79
4.4 模型求解 …… 82
4.5 分析 …… 86
4.6 数值算例分析 …… 94
4.7 管理启示 …… 96
4.8 本章小结 …… 98

第五章 碳交易与低碳偏好下的港口减排决策分析 …… 101

5.1 文献回顾 …… 104
5.2 问题提出 …… 105
5.3 建模和求解 …… 107
5.4 分析和讨论 …… 111
5.5 数值分析 …… 115
5.6 本章小结 …… 120

第六章 岸电减排决策研究 …… 131

6.1 问题描述与假设 …… 137
6.2 模型建立 …… 138
6.3 模型求解 …… 139
6.4 结果分析 …… 143
6.5 本章小结 …… 148

参考文献 …… 150

第一章 绪　论

在全球气候变化和环境保护的双重压力下，低碳和绿色发展已成为各国经济社会发展的重要方向。自2020年我国提出“2030年实现碳达峰，2060年实现碳中和”的“双碳”目标后，技术减排逐渐成为我国减排任务的发力关键点。2022年3月2日，中国科学院在北京宣布启动“中国科学院科技支撑碳达峰碳中和战略行动计划”（以下简称“行动计划”）。“行动计划”力争到2025年，突破支撑碳达峰的关键技术；到2030年，支撑碳达峰的关键技术达到国家先进水平；2060年，突破一批原创性、颠覆性技术并实现应用。

航运业承载了全球贸易的90%，港口与航运网络更是全球供应链中不可或缺的一环，港口作为全球贸易和物流的重要节点，在经济发展中扮演着不可或缺的角色。然而，港口的建设和运营活动也伴随着大量的能源消耗和温室气体排放，对环境造成了不小的压力，港口在全球碳排放中占据了重要位置。相关统计数据表明，目前海运的温室气体排放量占全球总排放量的2.6%左右。如果不采取减排措施，到2050年这一份额可能会增加三倍以上。2018年，国际运输论坛（International Transport Forum）的一项报告指出港口碳减排能有效降低海洋碳足迹，低碳港口是绿色低碳航运的重要组成部分。

我国港口近年发展迅猛，全国港口吞吐总量已连续十年居全球第一位，占据了2021年发布的全球十大港口中的七个席位，可见我国已逐渐成长为世界港口大国。港口包括靠泊、装卸等在内的一系列作业主要依靠消耗化石能源燃烧供能，此时化石燃料燃烧释放的大量含碳废弃物，是港口碳减排问题产生的根本原因。根据《中国移动源环境管理年报（2021年）》数据，我国船舶排放的碳氢化合物和氮氧化合物分别为9.01万吨和142.98万吨，已占非道路移动源的21.2%和29.9%。港内船舶产生的碳排放量不容忽视，为了实现港口可持续发展，促进供给侧结构性改革，绿色低碳化已是未来我国由港口大国发展成为港口强国的必由之路。港口集疏运卡车、港作机械、港内车辆清洁化，以及岸电覆盖率、营运船舶减排等已被纳入我国“十四五”相关规划。推动减污降碳协同增效，已成为港口和航运的一个热点议题。在“2022 中国蓝天先锋论坛”上，亚洲清洁空气中心发布的《蓝港先锋 2022：中国典型港口空气与气候协同力评价》和《航运先锋 2022：航运减污降碳进展研究》建议，政府部门需持续强化政策顶层设计，港口与航运企业应积极制定绿色发展战略和减排目标，探索创新多方合作的减排模式，加快实现港口与航运业的绿色转型，推动交通强国的建设。

在此背景下，如何实现港口的低碳转型，推进减排工作，成为亟待解决的重要问题。本书将系统探讨在“双碳”目标下，港口如何进行有效的减排技术决策，以期为港口的绿色发展提供科学指导和实际参考。

1.1 “双碳”目标与港口的减排需求

“双碳”目标，即碳达峰和碳中和，是中国在应对全球气候变化、推动绿色发展的背景下提出的重要战略目标。碳达峰指的是在一定时间内碳排放达到最高点后逐步下降，碳中和则是通过减少排放和增加吸收，最终实现净零排放。实现这一目标需要各行各业的共同努力，港口作为经济发展的重要环节，其减排工作至关重要。全球气候变化的严峻形势和环境保护的迫切需求，使越来越多的国家和地区开始制定和实施碳达峰和碳中和目标。中国在 2020 年宣布力争在 2030 年前实现碳达峰，2060 年前实现碳中和，成为全球气候治理的重要参与者和推动者。这一目标的实现，不仅是对国际承诺的履行，也是推动国内经济社会转型升级的重要抓手。

港口是现代物流系统的重要组成部分，是连接海洋与陆地运输的关键节点。港口的高效运行对促进经济发展、提升物流效率具有重要意义。然而，港口的建设和运营过程伴随着大量的能源消耗和温室气体排放。根据相关研究，港口活动产生的二氧化碳排放主要来自船舶靠泊期间的排放、港口设备和车辆的使用以及港口建筑的能源消耗。因此，港口在实现“双碳”目标中的减排工作显得尤为重要。

为了实现“双碳”目标，港口需要在能源结构、技术改造、管理机制等方面进行全面调整和优化。随着全球环境保护意识的提高，船舶作为重要的污染源之一，各国纷纷出台了相关政策以控制船舶排放，推动航运业向更加绿色和可持续的方向发展。

我国致力于减少航运业的环境影响，出台了多项法律法规和技术标准，积极推广岸电使用。

（1）《中华人民共和国海洋环境保护法》的出台。作为中国海洋环境保护的基础性法律，该法明确了船舶污染防治的要求，涵盖了废油、垃圾、废气和其他有害物质的处理。法案要求加强船舶污染监测，并对违反环保规定的船舶和企业进行严厉处罚。

（2）岸电技术的推广。中国积极推动船舶岸电技术的应用，即在船舶停泊期间，通过连接岸上的电力供应系统，减少船舶自身发电所产生的燃油消耗和污染排放。各大港口，如上海、深圳等，已经建设了完善的岸电设施，鼓励船舶使用清洁电力，减少靠港时的污染。

（3）燃料升级和清洁能源应用。为了减少船舶排放，中国加速推进船舶燃料的升级换代，推广使用低硫燃料，并鼓励研发和应用液化天然气（LNG）、氢能等清洁能源动力船舶。这些技术手段的应用，不仅降低了船舶的污染物排放，还推动了中国航运业的绿色转型。

这些政策和措施促使航运企业采取更为积极的措施应对环境挑战。推广使用岸电技术不仅能有效减少燃油消耗和船舶排放，还能提高航运企业的生产效率，降低运营成本。随着碳交易机制的逐步引入，未来的航运市场将更注重绿色低碳发展，航运企业将更加重视环保技术的应用和碳排放的管理，以适应全球环境保护的新趋势。

1.2 港口减排的挑战与机遇

1.2.1 港口减排的主要挑战

在实现“双碳”目标的过程中，我国港口面临着一系列挑战。如能源结构调整难度大、技术改造成本高、管理机制复杂、经济发展与环境保护的平衡等。

1.2.1.1 能源结构调整难度大

港口传统上依赖化石能源，如柴油、汽油等，作为动力来源以驱动港口内的各类设备、车辆和船舶。然而，随着全球对环境保护和可持续发展的重视，港口也面临着向清洁能源转型的压力。转向清洁能源不仅有助于减少温室气体排放，降低对环境的影响，还能提升港口的绿色形象，符合全球环保标准。然而，这一转型过程需要大量的投资和技术支持。首先，港口需要更换或改造现有的设备和基础设施，以适应清洁能源的使用。例如，柴油发电机需要被电池储能系统或氢燃料电池所替代，传统燃油动力的起重机、卡车等也需要更换为电动或氢能驱动的设备。其次，清洁能源的供应链和配套设施的建设也是一项庞大的工程。港口需要建立或连接到可再生能源的发电设施，如风能、太阳能或潮汐能发电站，还需要建设相应的充电站、加氢站等设施，以确保港口运营过程中能源供应的稳定性和可持续性。最后，港口向清洁能源转型还需要先进的技术支持，包括智能管理系统的应用，以优化能源使用效率，降低转型成本。技术研发和创新也是关键因素，如开发适用于港口特定需求的清洁能源技术和设备。

总的来说，港口从依赖化石能源向清洁能源转型是一个复杂而长期的过程，既需要资金的投入，也需要技术的不断创新和发展。

1.2.1.2　技术改造成本高

绿色港口的技术改造通常需要对现有设备和基础设施进行大规模更替和升级。例如，传统依赖化石燃料的起重机、卡车和发电机需要更换为电动设备或使用氢能的设备，这些新型设备的采购成本通常较高。此外，现有的燃料存储和输送设施也需要进行改造或替换，以适应清洁能源的需求，如建设充电站和加氢站等，这些都是一笔巨大的资本支出。

1.2.1.3　管理机制复杂

港口的运营涉及多个部门和利益相关者，协调和管理难度较大。港口运营涉及众多利益相关者，包括政府机构、港口管理当局、船公司、货运代理、码头运营商、员工工会、地方社区、环保组织等。这些利益相关者的诉求和关注点各不相同，甚至可能相互矛盾。例如，政府机构可能更关注港口的经济效益和税收贡献，而地方社区和环保组织则关注港口运营对环境和公共健康的影响。协调这些不同利益相关者的需求，找到一个平衡点，以确保港口的顺利运营，是管理层面临的一个巨大难题。

1.2.1.4　经济发展与环境保护的平衡

港口在追求经济效益和环境保护之间，需要找到平衡点，既要保证经济发展，又要减少环境影响。港口作为国际贸易和物流的枢纽，对区域经济发展起着至关重要的作用。港口的高效运营能够带动大量的就业机会，促进物流、制造业、服务业等相关产业的发展，进而增加税收收入和提高经济增长率。例如，港口的吞吐量直接影响到贸易流量和经济活动的活跃程度，因此，港口运营者和地方政府通常优先考虑提升港口的经济效益。而随着全球对环境保护意识的提高，港口的环境影响越来越受到关注。港口运营产生的污染，包括空气污染（如船舶排放的二氧化硫和氮氧化物）、水污染（如港口作业过程中产生的废水）、噪声污染等，都会对当地环境和居民健康造成严重影响。如果不加以控制，这些环境问题不仅会损害生态系统，还可能导致公共健康危机，进而引发社会抗议和法律诉讼。

许多国家和国际组织已经出台了一系列环保法规和标准，要求港口在运营过程中减少对环境的负面影响。例如，国际海事组织（IMO）制定了船舶排放的限制标准，要求港口管理当局和运营者采取措施减少船舶和港口作业的碳足迹。此外，许多国家还推行了绿色港口计划，鼓励港口采用清洁能源、减少污染排放，并通过政策激励措施促进港口的可持续发展。因此，港口在追求经济效益的同时，必须遵守这些环保法规，以避免受到法律制裁和经济损失。

1.2.2 港口减排的机遇

尽管面临挑战，港口减排也面临诸多机遇，如政府的政策支持、技术进步、市场需求的增加等。

1.2.2.1 政策支持

政府对绿色发展的重视和支持为港口减排提供了有力保障，如各类财政补贴、税收优惠等。

（1）政策导向与战略支持。政府将绿色发展纳入国家发展战略，推动了各级政府和相关部门制定相应的政策和规划。这些政策明确了绿色发展的目标和路径，为港口减排提供了明确的方向和框架。例如，中国政府在“十四五”规划中明确提出要推进绿色港口建设，推动港口向低碳、环保方向发展。

（2）财政补贴。政府通过财政补贴的形式，直接支持港口企业的绿色改造和减排技术的应用。这些补贴可以降低企业实施绿色技术的成本，增强其积极性和可行性。例如，港口企业在购置环保设备、建设绿色基础设施或实施节能减排项目时，政府可能提供一定比例的补贴，帮助企业减轻初期投资的压力。

（3）税收优惠。为了鼓励港口企业积极参与减排，政府还可能通过税收优惠政策来减轻企业的税务负担。例如，对使用新能源设备或开展绿色项目的港口企业，政府可能提供所得税减免、增值税退税等优惠措施。这些税收优惠能够提高企业的利润空间，进一步激励其进行环保投资和技术升级。

（4）技术研发支持。政府在支持绿色发展的同时，也会投入大量资源推动绿色技术的研发和推广。通过设立专项基金、提供科研补助等方式，政府促进了新型减排技术的开发和应用。这些技术的推广，不仅提升了港口企业的环保水平，也为其减排工作提供了技术保障。

（5）社会效益与责任。政府的重视和支持还引导了社会公众和港口企业对环保责任的认识提升。通过宣传教育和法规引导，政府增强了企业的社会责任感，使其更愿意主动承担环保义务，形成了良好的社会氛围，为港口减排工作的顺利开展提供了社会基础。

1.2.2.2 技术进步

新能源技术、智能化管理技术的发展为港口减排提供了技术支持，如新能源船舶的应用，岸电系统的推广，智能交通系统、自动化设备、数据分析与智能决策等。

（1）新能源船舶的应用。传统港口依赖燃油动力船舶，而这些船舶是港口碳排放的重要来源。随着新能源技术的发展，新能源船舶，如电动船舶、混合动力船舶、液化天然气（LNG）动力船舶等逐渐被应用到港口作业中。这些船舶相比传统燃油动力船舶，能够显著减少二氧化碳、氮氧化物和硫氧化物的排放，大幅降低港口的环境污染水平。例如，电动船舶在靠岸作业时可以实现零排放，大大减少了港口的空气污染。

（2）岸电系统的推广。新能源技术的进步还推动了港口岸电系统的广泛应用。岸电系统允许停泊在港口的船舶关闭自身的发电机，而直接使用港口提供的电力。这种方式不仅能够减少船舶在港期间的燃油消耗和排放，还能降低噪声污染。随着清洁能源技术的发展，港口岸电系统越来越多地采用可再生能源供电，进一步减少了港口的碳足迹。

（3）智能交通系统的优化。智能化管理技术的发展显著提高了港口的运营效率，减少了不必要的能源消耗和排放。例如，智能交通系统通过实时监控和调度，优化了港口内外的交通流量，减少了交通拥堵和车辆空驶现象。智能调度系统能够高效协调港口内部的货物装卸和运输，减少了车辆的等待时间和运行时间，从而降低了燃油消耗和废气排放。

（4）自动化设备的应用。智能化管理技术还推动了港口自动化设备的广泛应用，如自动化集装箱装卸系统、无人驾驶运输车辆等。这些智能设备不仅提高了港口的作业效率，还能够通过精准控制减少能源的浪费。例如，自动化起重机可以根据货物的重量和作业环境自动调整运行参数，从而达到最佳的能效比，减少能源消耗和排放。

（5）数据分析与智能决策。智能化管理技术还赋予了港口强大的数据分析和智能决策能力。通过大数据分析，港口管理者可以更准确地预测货物流量、调配资源和优化运营流程，从而减少不必要的能耗和排放。同时，智能决策系统可以实时监控港口的环境指标，及时采取措施应对异常情况，确保港口的绿色运营。

1.2.2.3 市场需求

消费者和市场对绿色产品和服务的需求增加，为港口减排提供了市场驱动力。

（1）绿色消费趋势的兴起。随着环保意识的提升，消费者越来越倾向于选择低碳、环保的产品和服务。这一趋势在全球范围内日益显著，促使各行各业，包括港口产业在内，都面临着转型的压力和机遇。为了满足市场对绿色产品和服务的需求，港口不得不采取相应的减排措施，如减少碳足迹、采用清洁能源和提高资源利用效率等，以保持竞争力和吸引力。

（2）绿色供应链的推动。许多大型跨国公司为了履行社会责任和符合市场需求，开始推行绿色供应链管理。他们要求供应链中的每一个环节，包括港口在内，都要采取环保措施，以降低整个供应链的碳排放。因此，港口作为供应链的重要节点，为了维持与这些公司的合作关系，必须优化自身的运营，减少排放，提供符合绿色标准的服务。

（3）市场竞争力的提升。随着绿色经济的崛起，港口之间的竞争不再仅仅局限于传统的服务效率和成本控制，还包括绿色环保能力。那些在减排和环境保护方面表现突出的港口，更容易吸引注重环保的企业客户，赢得市场份额。例如，采用新能源船舶、提供岸电服务、减少污染排放等措施，能够帮助港口提高其市场竞争力，从而在激烈的市场竞争中脱颖而出。

（4）政策与法规的引导。为了响应市场和消费者对绿色产品和服务的需求，政府出台了相应的政策和法规，鼓励和引导企业向绿色化转型。市场对绿色产品的需求增加，使这些政策更具现实意义和可操作性，也促使港口加速实施减排措施。例如，政府可能通过绿色认证、税收优惠、补贴等手段，支持那些积极响应市场需求的港口企业，形成政策和市场的双重驱动力。

（5）投资者的关注与支持。绿色投资已成为全球投资领域的重要趋势。越来越多的投资者将环保和可持续发展作为投资决策的重要考量因素，青睐那些具有良好环保表现的企业。因此，港口为了吸引更多的绿色投资，改善自身的环境形象和可持续发展能力，必须积极推动减排工作。这种来自投资市场的压力和支持，进一步推动了港口的绿色转型。

1.3 港口区域岸电（SP）和低硫油（LSFO）减排决策

目前，使用低硫油（LSFO）或岸电（SP）是船舶在港口靠泊时减排的流行趋势。岸电是一种将停靠于港内的船舶的运行供能由燃料转为陆地供电的一种新方法，它能显著降低码头停靠过程中的二氧化碳排放量。VaishnavP 等通过实证研究，指出通过改造在美国港口停靠的所有船只的四分之一到三分之二，可以实现每年 7000 美元—1.5 亿美元的空气质量效益。低硫油是指硫含量不超过 0.1% 的船用燃料油，相比传统的高硫燃油，低硫油能显著减少硫氧化物的排放。

1.3.1 低硫油在港口减排中的应用现状

采用低含硫量的燃油能大大降低硫氧化物的排放量。传统燃油含硫量偏高，而低硫型燃油可以大幅减少船舶运行过程中排放的二氧化碳和硫氧化物。这对改善我国的大气污染、提高我国的生态环境水平有着十分重大的作用。

低硫油的应用在全球范围内也逐渐普及。随着世界各国对燃油的需求越来越大，国际海事组织规定，在全球范围内要求船舶使用低硫燃料，限制排放的硫含量。世界各国及口岸也都纷纷出台相关的政策及规章，以促进或强制执行低硫油。比如，欧洲联盟有关规范要求在码头上的船只必须以低硫油为燃料，而加拿大、美国则制定了较严格的含硫量及废气排放量标准。这一系列的政策举措，促进了低硫油的推广应用和市场发展。

越来越多的国家和地区的航运业正在加大对低硫油的使用，并开始对港口进行了大量的硫污染控制。船舶运输业也已采取对低硫油的应用措施，航运投资人和船主们通常都会购置适合低硫汽油的引擎，而且他们还会在船内设置硫氧化废气监控装置；此外，各码头及终端码头也已为船只提供低硫油的供应及配套设施。

然而，与低硫油使用相关的一些问题和挑战也需要解决。一方面是低硫油的供应稳定性和可靠性。由于需求的增加，确保可持续和高质量的低硫油供应是一个重要问题。另一方面是低硫油的成本因素，低硫油的价格一般要高于传统燃料，这势必会增加航运企业的成本。

1.3.2 我国岸电技术的发展与应用情况

根据统计，船舶靠港停泊期间由其辅助发电机所产生的碳排量占港口总排碳量的40% ~70%，是影响港口及所在城市空气质量的重要因素。岸电（也称为岸基供电或岸电系统）是指在船舶停靠港口期间，通过港口提供的电力而不是船舶自身的发电机组来为船舶供电。这项技术的发展和应用对减少船舶在港停泊期间的空气污染、噪声污染以及碳排放具有重要意义。

我国政府高度重视岸电的推广应用。近年来，发布了多项政策和法规，鼓励港口和船舶使用岸电。例如，《港口岸电布局方案》《绿色港口评价指南》以及《船舶与港口污染防治专项行动实施方案（2015—2020年）》等，都明确了岸电的推广目标和要求。制定了多项岸电相关的国家和行业标准，如《港口岸电系统接入电网技术规范》等。这些标准为岸电设施的建设和运行提供了技术依据，推动了岸电系统的规范化和标准化。各大沿海港口和内河港口已经逐步建设和完善岸电设施，政府与港口企业在岸电设施的建设上投入了大量资金。

稳居世界集装箱港口排名前十的上海港、宁波舟山港、深圳港、青岛港、广州港、天津港6港，涉及港口企业披露的岸电覆盖率均在85%以上，集装箱泊位和干散货泊位的覆盖率也均在75%以上。干散货泊位的岸电覆盖率方面，秦皇岛港公司2021年达73%，天津港公司2020年已达100%，宁波舟山港公司2020年、2021年、2022年三年分别为75%、85%、88%，厦门港务集团2022年达100%，此外厦门港务集团还实现了5个港区、11个泊位低压船舶岸电供电的全覆盖。在已建成的船舶岸电的泊位覆盖率方面，青岛港公司在2020年已达到100%，盐田港集团在2021年达到85%，广州港公司在2021年达到内河作业码头100%。

经对报送的29个沿海港口和19个内河港口共1088个泊位的有效岸电使用数据分析，2020年共使用岸电约6万次，总接电时间约74万小时，总用电量约4500万度，合计减少氮氧化物、硫氧化物和颗粒物排放710多吨。

随着港口运营商的不断探索和政府的有效支持，中国40%以上的主要港口都安装了岸电基础设施，为靠泊船舶提供陆上电力。然而，船舶受电设施覆盖率却不足1%。2022年多家机构公布的调研数据显示，我国港口货船岸电使用率范围在3.8%～54.7%，平均值17%，不足两成，与“推动岸电常态化”目标差距较大。亚洲清洁空气中心等机构的调研报告显示，“尽管岸电建设目标完成度较好，但岸电使用率低的问题依然突出”。

那是什么原因造成了“船舶岸电使用意愿不高”呢？

船舶岸电使用愿意不高从其内在需求来看，主要是岸电改造费用昂贵，使用不经济。船舶缺乏改造动力，船舶岸电系统改造费用包括购置设备的费用（变压器、岸电箱等）、设备安装费用以及其他许多项费用。常用的船用变压器（0.5～2MW）成本是5万美元，岸电箱的成本是5万美元，插座箱的成本是3万美元。船舶岸电系统的改造、非屏蔽变压器的安装成本更高。一般船舶岸电系统安装的成本是8万～16万美元（包括变压器）。在如此高昂的成本之下，船舶缺乏改造动力，特别是对于一些剩余使用寿命较短的船舶，更是不愿意进行岸电改造。

2019年8月，交通运输部起草的《船舶靠港使用岸电管理办法（征求意见稿）》要求，具备岸电受电设施的船舶，在沿海船舶大气污染物排放控制区内具备岸电供应能力的泊位停泊超过3小时，或者在内河船舶大气污染物排放控制区内具备岸电供应能力的泊位停泊超过2小时，且不使用有效替代措施的，应当使用岸电。2021年9月交通运输部关于修改《港口和船舶岸电管理办法》的决定，在长江流域港口靠泊的船舶违反该规定的，由海事管理机构视情节轻重处以罚款。那么，在沿海船舶大气污染物排放控制区内，航运企业是使用岸电减排，还是使用其他有效替代措施（低硫油）减排，该如何决策？可见，基于船舶异质性的船舶减排技术决策行为研究也是当前港航企业的现实需求。

船舶岸电使用愿意不高从其外在推力来看，一方面是缺乏强制政策，当前岸电接线服务花费时间长，改造费用昂贵，如果没有强制性政策，船舶使用岸电意愿有限；另一方面是补贴推动力度有限，对港口的岸电常规性补贴有电价补贴、设施维护补贴、需量费补贴、首次测试费补贴，而运行补贴较少，由于岸电设备的特殊性，港口岸电运行成本高，如深圳港一年岸电运行的人工成本约为300万元，而当前使用岸电船舶较少，收益基本无法支撑如此高的运行成本。另外，船舶进行受电设备改造费用高，近几年各地政府以补贴港口为主，对船舶岸电设备改造的补贴相对较少。长期来看，政府补贴是有限的，需要结合其他方式，如碳交易、港航企业协同合作等来协同推进岸电使用。2012年，上海启动了港口碳交易试点，碳交易机制（Emission Trading Scheme，ETS）是将碳排放权赋予商品属性，在限定碳排放配额的基础上进行直接管制与经济激励的减排措施。2019年我国交通运输部、财政部等六部门联合制定印发了《关于进一步共同推进船舶靠港使用岸电工作的通知》，明确了进一步加大船舶靠港使用岸电协同推进力度。

1.4 研究意义

1.4.1 理论意义

（1）从绿色运营——港航活动中的排放控制的角度来看，目前学术界和业界还尚未展开相对集中和系统的研究，尚未形成完善的以港口与航运网络的运营效率、能耗和排放平衡为目标的运营管理理论与方法。本书探讨考虑客户低碳偏好的港区减排决策行为，在此基础上设计港口区域减排协调机制，可以弥补当前理论研究的不足，丰富绿色港航相关理论研究。

（2）目前，从供应链视角，综合考虑客户低碳偏好，探讨碳交易下港口关于具体减排技术的决策行为的相关研究还很缺乏。这决定了本书选题具有较大的创新性，是一个较新颖的研究方向，具有明显的特色。

1.4.2 实践价值

（1）考虑客户低碳偏好，研究碳交易下的港口区域减排技术决策行为，一方面，可以帮助港口和船舶面对政策约束时，进行最佳减排技术决策；另一方面，可以让政府清楚地知道，碳交易、客户低碳偏好等对港口区域减排决策行为的影响程度，从而为政府制订相应管理办法提供理论支持和决策咨询建议。

（2）减少温室气体排放、积极应对气候变化，已成为全球共识。2020 年 9 月中国向全球宣誓，二氧化碳排放力争于 2030 年前达到峰值，努力争取 2060 年前实现碳中和。这一宣誓意味着中国应对气候变化工作进入一个新的阶段，使碳排放权交易作为一种低成本减排工具助力碳达峰、碳中和的价值得到凸显，加速推进了全国统一碳市场建设进程。根据相关安排，继 2021 年发电行业将率先启动上线交易，“十四五”期间石化、化工、建材、钢铁、有色、造纸、航空等高排放行业也将陆续纳入全国碳市场。本书探讨海事碳交易政策对港口区域减排决策的影响，极具前瞻性和时代性。

（3）为推广岸电和低硫油使用，我国交通运输部及各地方政府补贴力度不可谓不大，但目前船舶使用岸电意愿不高。本书探讨考虑客户低碳偏好的港口区域减排协调机制，可为制订协调激励港航企业减排相关管理办法提供理论支持。同时，也在一定程度上，为解决“船舶岸电减排意愿不高”的问题提供一种思路。

总体而言，本书的研究不但可以丰富与完善港口区域减排的相关理论研究，而且对推进我国港口“减排降碳”、解决“岸电”与“低硫油”技术应用的现实问题，推动海事碳交易政策的实施，促进我国绿色港口建设、可持续发展具有重要的现实意义。

1.5 研究方法与研究思路

1.5.1 研究方法

本书采用的主要研究方法有理论应用、案例分析、实地调研和模型构建等，通过综合运用这些方法，系统研究港口减排技术（岸电和低硫油）决策的影响因素，探讨港口减排技术决策及其影响因素。

（1）理论应用：采用博弈理论（古诺模型、斯塔克尔伯格模型）、供应链管理理论、运筹学方法（规划方法、多属性决策）、港口经济学、港口运营管理进行理论建模与分析，得到港航企业的决策行为理论与方法。

（2）分析工具与技术：在模型求解与理论分析中，我们采用系统分析方法，运用运筹学中最优化技术及计算机仿真工具来分析问题与解决问题。

（3）数据采集技术：系统梳理国内外港口减排的研究现状和进展，明确研究的关键问题和方向，对参与碳交易试点的上海港（上港集团的集装箱、件杂货等码头）进行案例研究，对进行了岸电改造的新沙港、南沙港进行案例研究，以了解目前我国港口区域减排工作和运行中存在的问题及此类工作的特性。并且，我们还将与港务局和企业（上港集团、广州港集团）建立联系，用实际企业的真实数据来对理论模型进行实际应用。目前，本书已经收集了上海港减排相关数据，初步对所研究问题进行了观察和分析。

（4）研究策略：主要采用定量与定性相结合的方法进行研究。在利用运筹学、博弈论、港口经济学和微观经济学等方面的知识建立碳交易、补贴政策下，考虑船舶异质性的港口区域减排决策行为模型，优化求解，在此基础上对研究结果进行定性分析，给出合理的经济、管理含义及启示。

1.5.2　研究思路

具体研究思路如图1－1所示。

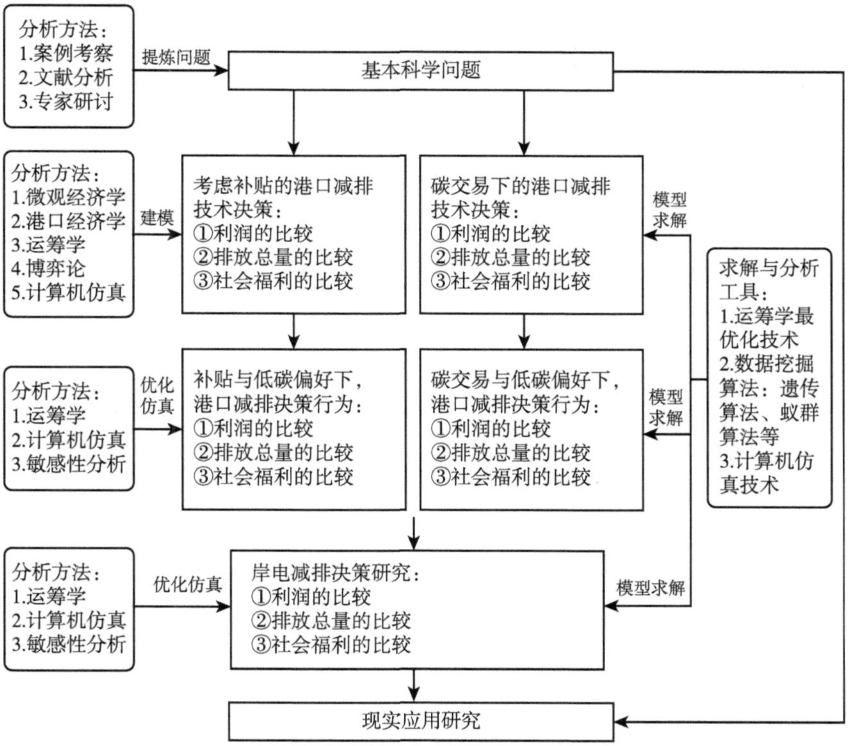

图1－1　技术路线

1.6　本书的结构安排

第一章，绪论。介绍研究背景、目的、意义、方法和结构安排。

通过实地调研和数据分析，全面了解我国港口减排的现状和存在的问题。

第二章，国内外研究现状。对国内外相关研究进行综述，梳理国内外港口减排的研究现状和进展，明确研究的关键问题和方向。

第三章，考虑政府补贴的港口与船舶减排决策研究。从供应链视角，考虑政府补贴，构建港口与船舶减排决策博弈模型，探讨港航企业集中决策、分散决策情形下的减排决策问题。结果表明：在供应链结构决策上，集中决策下的港航供应链定价低于分散决策下的定价，而总体利润和排放量则高于分散决策下的。在减排技术决策上，当补贴在适当范围内时，港航供应链采用低硫油技术，此时港航企业可以实现利润最大化，同时政府也可实现排放控制，港航企业与政府双赢。而当补贴较低时，港航供应链采用低硫油技术，但此时使用低硫油的总排放量大于使用岸电的总排放量。而当补贴较高时，港航供应链采用岸电技术，但此时使用岸电的总排放量大于使用低硫油的总排放量。

第四章，考虑政府补贴和客户低碳偏好的港口减排决策研究。讨论了三种权力结构下考虑政府补贴和客户低碳偏好的由一个港口与一艘船舶组成的供应链减排技术决策问题。结果表明：在港口供应链中，无论是港口还是船舶，在博弈中作为领导者总是比作为跟随者获得更多的利润。纳什博弈中供应链的利润高于一方主导的斯塔克尔伯格博弈中的利润。因此，从供应链整体利润最大化角度来看，港口与船舶处于平等关系是更好的选择。当港口和船公司处于相对平等的关系时，他们往往会以较低的价格吸引更多的客户来扩大市场，从而产生更多的排放。而在斯塔克尔伯格博弈中，领导者总是限制其他人提供服务的动机，从而导致排放减少。因此，从排放控制的角度来看，港口或船舶一方处于主导关系是更好的选择。

SP 比 LSFO 更昂贵但却更有效的减排技术。当补贴和消费者的低碳偏好较低时，从利润最大化角度来看，具备低成本优势的 LSFO 是供应链的首选。当补贴和消费者的低碳偏好较高时，SP 则是更好的选择。

第五章，讨论了考虑碳交易和低碳偏好的港口供应链的减排决策问题。港口供应链由一个港口和一艘船舶组成，在碳价格和客户低碳偏好下，可以选择使用 SP 减排或使用 LSFO 减排，应用博弈方法建立三种权力结构下的供应链减排模型，从经济和社会效益方面比较分析了这两种减排技术，得到以下主要结论。

首先，在港口供应链中，在所有三种权力结构下，领导者总是更多地考虑定价对总需求的影响，考虑到碳价格和低碳偏好的影响。因此，纳什博弈的最优价格往往低于一方占主导优势的斯塔克尔伯格博弈的最优价格。从供应链的总利润角度，双方处于平衡地位的纳什博弈比一方占主导地位的斯塔克尔伯格博弈更好。一般情况下，当碳价格和客户的低碳偏好都较低时，首选 LSFO，否则使用 SP 是更好的选择。

其次，从排放控制的角度来看，一方主导的斯塔克尔伯格博弈总是比纳什博弈产生更少的碳排放。一般情况下，当碳价格和客户的低碳偏好都较低时，供应链使用 LSFO 减排比使用 SP 更可取，否则采用 SP 应该是更好的选择。

最后，从社会福利最大化的角度来看，在低环境关注下，纳什博弈比起斯塔克尔伯格博弈，能获得更高的社会福利。而在环境关注度高的情况下，斯塔克尔伯格博弈的社会福利则大于纳什博弈下的社会福利。然而，两种技术的社会福利比较更为复杂。一般情况下，当碳价格、客户的低碳偏好和环境关注度都较低或都较高时，使用 LSFO 是较好的选择，否则，使用 SP 则是首选。

第六章，政府补贴下的岸电减排决策研究。船舶靠港使用岸电，是减少港口污染物排放的有效手段，也是“双碳”目标下绿色港口发展的必然要求。从供应链视角，利用博弈方法，构建政府补贴政策下，港口和船舶采用岸电减排的博弈模型，分析三种权力结构（船舶主导的斯塔克尔伯格博弈、港口主导的斯塔克尔伯格博弈、港口与船舶处于同等地位的纳什博弈）下的港口与船舶减排决策行为。结果表明：港口与船舶处于同等地位情形下的政府补贴最小；当岸电接电时间较短时，一方处于主导地位（船舶主导和港口主导）的港航供应链整体利润最大；而当岸电接电时间较长时，港口与船舶处于平等地位的港航供应链整体利润最大；三种权力结构下的排放量和社会福利不变（见图1－2）。

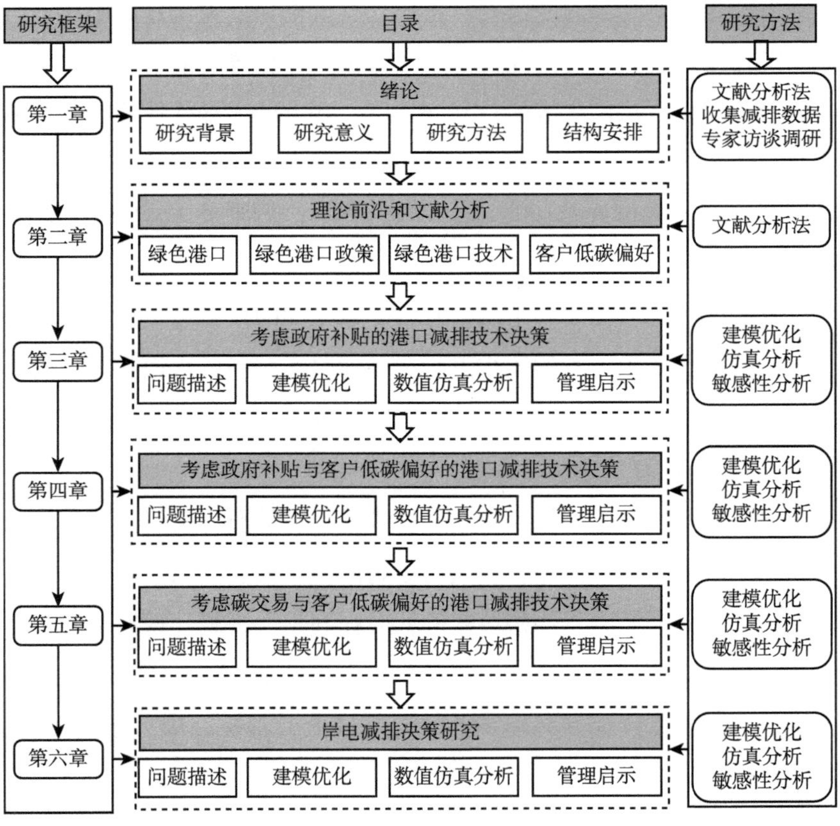

图1－2　研究内容

港口作为全球贸易和物流的重要节点，在实现“双碳”目标中具有重要意义。通过系统研究港口减排的路径和策略，为港口的低碳转型提供理论和实践指导，具有重要的现实意义和理论价值。本书希望通过深入分析和探讨，为港口减排工作提供有力支持，共同推进绿色港口的发展。

第二章　国内外研究现状

全球港口与航运网络是世界经济增长的重要推动力和全球供应链网络的重要载体。这些港口和航运网络不仅促进了国际贸易的发展，还加速了全球化进程。然而，频繁的航运活动带来了大量的有害气体和温室气体的排放，使港航活动成为主要的能耗单位和污染源头。根据国际海事组织（IMO）发布的《2020 年 IMO 第四次温室气体研究报告》，2018 年全球航运业温室气体排放量为 10.76 亿吨，占全球人为温室气体排放总量的2.89%，其中，船舶的二氧化碳排放量高达 10.56 亿吨。此外，70%的船舶废气排放发生在距离陆地不超过400 千米的近海区域，这进一步加剧了沿海地区的环境污染问题。

在全球范围内，中国已经成为世界港口大国，占据了全球十大港口中的七个席位。中国港口的快速发展极大地推动了国家经济的发展，但也带来了环境污染的挑战。在中国，航运船舶已成为仅次于机动车尾气和工业企业排放的第三大空气污染源。为了应对这一问题，国际海事组织以及包括中国在内的多个国家，先后出台了一系列政策，限制船舶在港口和近海区域的排放。例如，中国实施了港口船舶使用低硫燃料的强制性要求，并在部分地区推广岸电供应，以减少靠港船舶的排放。对于航运企业而言，燃油成本在船舶运营总成本中占据相当大的比重，这些排放管制措施无疑增加了其运营负担。因此，研究如何在遵守相关排放规定的前提下，优化港口和航运网络的资源管理和调度计划，降低运营成本，实现绿色港口和绿色航运的目标，显得尤为重要。

近年来，政府加强了对各行业减排工作的管理，港口运营商和航运公司在提升服务水平的同时也在逐步实施减排计划。本书结合航运绿色化的目标，从绿色港口和海洋运输物流、绿色海事政策、绿色技术、客户低碳偏好四个方面归纳港航企业节能减排的相关文献。

2.1 绿色港口和海洋运输物流

随着贸易全球化的发展，航运已成为全球货物运输的重要方式。作为海上运输的关键节点，港口将其功能从传统的装卸转变为全球物流服务供应链的连接中心。因此，港口地区不可避免地会产生更多的污染排放，这引起了研究人员对绿色港口建设的关注。Botana 等在 2017—2020 年四年期间首次在维戈港（西班牙西北部）测试了 CEDEX（Centro de Estudios y Experimentación de Obras Públicas）方法，并证明了 CEDEX 方法在量化港口碳足迹和评估排放年际演变方面的适用性，从而促进了对港口实施的不同环境战略的评估。Garg 等研究了识别绿色港口发展的相关可持续性因素，利用模糊层次分析法对已识别的因素进行评价，结果表明：环境、数字化、自动化和战略在确定的六个主要因素类别中排名前三位。Clemente 等探讨了一种未来的智能、可持续和电气化港口，为了从能源角度促进海港的可持续发展，考虑了与海洋可再生能源系统的潜在整合。叶善椿和何景师分别构建了港口高质量发展和绿色经济的评价指标体系，采用了熵权 TOPSIS 法来分别测算广东省 17 个城市的港口高质量发展水平和绿色经济发展水平，他们通过耦合协调度模型深入探讨了这两者之间的耦合协调关系。研究结果显示，广东省的港口高质量发展水平和绿色经济发展水平均呈现出稳步上升的趋势。这两个系统的耦合协调状态由最初的濒临失调逐步过渡到勉强协调，协调水平不断提升，并且具有明显的区域差异特征：珠三角地区的协调水平较高，而粤东西北地区相对较低。进一步分析表明，科技水平、经济发展水平、外贸发展水平和外资投入水平对港口高质量发展和绿色经济发展的耦合协调具有显著的正向影响，这意味着这些因素的提高有助于增强两者之间的协调性。相反，产业结构对两者的耦合协调则具有显著的负向影响，表明在产业结构不合理的情况下，两者之间的协调性可能会受到抑制。

刘惠明探讨了绿色港航码头施工技术的特点、应用及在可持续发展中的作用。Cho 等对单个集装箱港口物流成本的内部能力和外部环境进行了实证研究，为支持和解释相关实证研究结果提供了理论基础。Lamand Eddy 制定了绿色可持续港口的战略框架，分析了来自北美，欧洲和亚洲的三个案例，指出除了建立减排框架外，还需构建排放核算模型。Yang 等构建了一个由物流，信息和商业服务中心组成的碳排放量计算模型，建议使用岸电（SP）或低硫油（LSFO）减少港口区域的碳排放。Jiang 等使用了计量模型来衡量三种类型的多式联运（道路，铁路和河岸）的排放情况。Lin 等利用知识图谱分析，给出了绿色港口研究的演进。结果表明，学者们越来越关注港口排放控制、优化操作以及减排政策的相关研究。Hua 等提出了针对珠海港口的绿色港口指标体系，然后运用模糊重要性—绩效分析（FIPA）方法对指标体系进行了评估。Zhao 等综合五维平衡计分卡和绿色绩效标准，从供应链视角建立绿色港口评价体系。Tan 等以建设高效节能、低碳排放的绿色港口为目标，提出了堆场起重机改造部署的战略层次决策方法。

以上研究表明关于港口区域减排的研究兴趣日益浓厚，然而，现有文献并未讨论哪种减排技术更为环保，企业如何进行减排技术决策。

2.2　绿色港口政策

2.2.1　排放控制

排放控制区（ECA）是指国际海事组织（IMO）根据《国际防止船舶造成污染公约》（MARPOL）附则Ⅵ的规定，划定的需要特别控制硫氧化物（SO_x）、氮氧化物（NO_x）、颗粒物（PM）和其他空气污染物排放的海域。船舶排放的污染物对沿海地区的空气质量和居民健康造成显著影响，尤其是在繁忙的航运区域。为应对这些问题，IMO 于 1997 年通过了 MARPOL 附则Ⅵ，并在 2005 年和 2008 年进行了修订，进一步加强了对船舶排放的控制。我国航运主管部门已经意识到港口污染问题，针对航运（包括沿海、内河船舶）排放控制的法规也日趋严格，2018 年 6 月，交通运输部办公厅发布关于征求《船舶排放控制区调整方案（征求意见稿）》意见的函，从 2019 年 1 月 1 日起，船舶排放控制区范围扩大至全国沿海港口。2020 年 1 月 1 日起，所有进入排放控制区（ECA）的船舶都要使用硫含量不超过 0.5% 的燃油，靠岸停泊应使用硫含量不超过 0.1% 的燃油。

学者们探讨了 ECA（emission control area）对港口运营的影响。Chen 等研究了 ECA 如何影响全球航运，并建议在国际层面进行广泛协调合作以减少船舶排放。Weng 等研究了排放控制区措施对船舶航行及排放的影响。Tan 评估了我国 ECA 政策对具有规避行为的沿海船舶排放的有效性。Liu 等研究了三种不同排放控制区域的划分，对珠三角地区港口空气质量的影响。Shi 等探讨 ECA 政策在减少上海港口水域船舶污染物排放方面的有效性。Zhang 评估了中国位于长三角的四个主要港口城市（上海、苏州、宁波和南京）的 ECA 政策有效性，目的是调查 ECA 政策在特定区域内不同港口城市的潜在不同有效性。Elmi 等在考虑排放控制下，提出了一种新的多目标船舶计划回收方法。

当前，我国港口减排研究正处于启动阶段，港口减排缺乏科学指导，如何制定科学的减排决策，成为低碳经济背景下我国港口行业面临的现实问题。

2.2.2　碳排放交易政策与港航企业减排

生产过程中的碳排放引起了人们的广泛关注，因此，许多国家都在实践中实施了碳交易政策来促进减排。在此背景下，碳交易政策对供应链及相关运营决策的影响成为学术界的热点话题。Qu 研究了碳交易制度对产品保修和碳减排战略的影响。Wang 探讨了排放交易对制造商减排投资、供应链绩效和社会福利的影响。Zhou 全面分析了港口相关排放及其对环境的影响，他们提出，对上海等沿海大型港口城市，减少港口区域相关排放的关键，是控制从港口到城市的货物运输阶段的排放。

目前，针对碳排放权交易体系（Emission Trading Scheme，ETS）的研究，主要集中在欧盟排放交易体系（European Union Emission Trading Scheme，EU – ETS）对航空公司运营的影响。也有少数学者研究了航运碳排放交易机制对航运业的影响和对港口经济效益的影响。王日金通过建立港口竞争数学模型，在碳交易政策下，利用纳什均衡博弈得出港口的最优定价和减排策略。结果表明：港口的减排策略取决于港口自身投资条件，高投资成本的港口适合低强度减排以控制运营成本从而以低价吸引客户，低投资成本的港口适合高强度减排以降低碳排放水平吸引更多低碳客户。针对海事排放交易体系（METS），Zhu 等探讨了该措施对班轮船队构成及碳排放的潜在影响，建立了班轮船队规划的随机优化模型，研究表明 METS 能激励班轮企业使用更加节能高效的船舶。Dai 等研究了不同班轮网络下运营成本和碳排放的建模问题，表明当排放收费标准高于阈值时班轮网络将被重新设计，从而抵消该计划的减排效果。Gu 等研究了 METS 对船队运营和碳减排的影响，考虑燃油价格和租船费率的不确定性，建立了船队构成和航线配船优化模型，表明当燃油价格低、排放配额成本高或 METS 全球覆盖率高时，METS 措施可在短期内显著减小碳排放量。Sun 等考虑区块链技术在智能合约、绿色认证、市场信息披露等方面的应用，引入碳交易市场价格作为参数，解决碳交易政策下政府对港口企业减排的动态激励问题。

Sun 等探讨了如何确定最优的 METS 分配和交易方案，以及如何影响班轮航线（LSR）选择决策（遵循或避免 METS）和碳排放。Zhou 等提出了一个优化模型来研究苏伊士运河航线（SCR）/北极东北航道（NEP）联合班轮运输服务在 METS 下承运人的经济可行性和二氧化碳排放量。不同的 METS 情景是基于地理范围（GS）、自由排放配额百分比（FEQP）和碳价格（CP）设定的，结果表明，METS 可以保证短期内 GS 内的 CO_2 减排，但在某些情景下，总 CO_2 排放量会更大。在个别情况下，METS 对运营商的经济生存能力有积极影响。METS 不利于运营商使用 NEP，特别是在北极地区实施或价格高昂的情况下。对承运人来说，应对 METS 的主要对策是在 GS 中慢速航行。对政策制定者设计 METS 有价值的启示：并非 GS/FEQP/CP 值越高，整体 CO_2 减排效果越好。适度的 GS 和 CP 可能适合于整体或部分平衡承运人的经济效益和减排效率。He 和 Zhu 将船舶碳排放对环境和社会的影响转化为经济价值，构建了碳排放交易和碳税政策下基于多智能体合作博弈论的电力替代效益分析数学模型，分析了改造成本、船舶用电量、补贴率、碳税价格、岸电使用时间与靠泊时间之比等变量对岸电运行的影响。Christodoulou 和 Cullinane 对航运排放交易体系实施进行了 SWOT 分析，他们认为航运业的碳排放交易体系可以激励对绿色技术的更多投资和部署，从而减少航运业的碳足迹。然而，这种影响的速度和重要性将取决于具体的航运市场细分和航运市场周期的相对阶段。

虽然现在从产品供应链的角度研究碳交易政策的文献非常丰富，但从港口和航运供应链的角度进行研究和分析的相关工作还不多。港航供应链不同于产品供应链，港航供应链本质上是提供服务的理念，这就要求港口和船公司有良好的合作，节约更多的成本，为客户提供更好的服务体验。因此，项目从供应链视角，研究政府干预下的港口区域减排技术决策机理，将在一定程度上丰富相关研究。

2.2.3　低碳供应链的技术选择研究现状

技术选择在当今低碳供应链的运作中起着重要作用。Yu 等提出了一种节能技术投资模型，帮助试图在利润和投资之间寻求平衡的企业进行决策。由于生产技术的差异（异质性），同种产品在生产使用过程中产生不同的碳排放量，也使产品拥有不同的生产成本。Krass、Gong、Hong、Drake 等从异质性的角度分析了碳减排措施下企业的生产技术选择问题。Krass 等认为碳税率的增加会激励企业选择更绿色的技术，但到达阈值后将发生倒转；通过增加针对固定成本的补贴和消费者的折扣，有助于推动企业选择更加绿色的技术和弥补福利鸿沟。Gong 等研究了碳交易机制下企业多种技术选择的问题，认为当不存在技术转换成本时，企业将根据需要随时进行技术的转换，但存在技术转换成本时，技术选择将受到更多因素的影响。Hong 等分析了强制减排和碳交易两种机制下的企业技术选择决策问题，指出强制减排措施与企业的技术选择决策和收益成长严格正向关系，而碳交易机制下企业根据碳价的波动进行技术的选择。Drake 等研究了补贴与技术选择的关系，认为对高技术的补贴并没有影响企业的最优收益，但增加了企业排放量；对于低成本技术的生产或投资补贴，不影响公司多技术组合的最佳总容量。

近年来，政府补贴对供应链绿色决策的影响成为学术界研究的热点。Yang 和 Nie 研究了考虑技术溢出的补贴对提高清洁创新的影响，他们得出：补贴促进了企业的创新，补贴越多排放越少，但补贴环境效率随补贴强度的增加而降低。Meng 等考虑了供应链中的三种创新补贴场景，得出的结论是政府应补贴核心制造商，而不是制造商和上游供应商。Huang 等研究了受资金约束的绿色制造商与销售商组成的供应链，通过比较了三种模式（制造补贴、绿色信贷和销售补贴），找到了一种双赢的补贴模式。Gu 等提出了由二次用户、电池（再）制造商和政府组成的两阶段电池二次使用闭环供应链模型。Wang 等探讨了低碳电子商务闭环供应链中政府补贴和再制造商利他偏好对生产决策的影响。Chen 等通过随机优化方法分析了一种同时考虑投入和产出补贴的混合补贴机制。Mondal 和 Giri 构建了政府补贴下的两级绿色闭环供应链，探讨政府干预对最优结果的影响。Miao 等探讨了政府在二级供应链中对制造商、零售商和消费者的补贴政策。Mu 等考虑消费者的绿色偏好，建立了一个平台供应链模型。在平台供应链中，制造商实施绿色研发活动，第三方平台采用数据驱动营销（DDM）活动推广绿色产品。Liu 等以一个生产商、一个基于区块链的追溯服务提供商和一个零售商为研究对象，考虑政府补贴，构建供应链决策模型。Li 等研究了政府绿色补贴下的港口和航运公司组成的两级供应链，他们得到：岸电的可靠性受托运人岸电偏好和决策周期的影响，当托运人偏好较高时，实际托运人补贴和政府补贴都是低效的。Wang 等提出了三种不同权力结构下的博弈模型，研究了政府补贴下的船公司关于使用低硫油的决策。Sun 等探讨了邮轮供应链中补贴参与者对邮轮母港的影响，研究得出，补贴政策加快了邮轮供应链的整合，提高了邮轮母港之间的竞争力。Li 和 Jiao 构建了考虑政府补贴的 LNG 动力船制造商和所有者所组成的供应链，研究了定价、市场需求和供应链效益。

上述研究大多考虑了由一个供应链成员实施的碳减排技术，未考虑供应链不同成员实施的多种可用技术的决策行为比较。同时上述研究还较少考虑多项政府干预措施对港航企业的减排技术决策的影响，而实践中，港航企业减排技术决策是受多种因素影响的，因此，项目综合多项干预政策，考虑减排技术特性，更能模拟实际。

2.3　绿色港口技术研究现状

绿色港口技术在港口减排工作中发挥了重要作用，推动了港口行业的可持续发展。本书综述了当前绿色港口技术的研究进展，重点关注岸电设备和低硫油、绿色能源技术和自动化集装箱码头系统三个方面。岸电设备，即岸基电力供应，是指在船舶停靠港口期间，利用港口的电力替代船舶自身的柴油发电机，从而减少空气污染物的排放，这种技术不仅显著降低了二氧化碳、硫氧化物和氮氧化物的排放，还减少了噪声污染。许多港口已经开始实施这一技术，例如美国的洛杉矶港和中国的上海港，都在大规模推广岸电设备，以改善港口及周边环境的空气质量。绿色能源技术是绿色港口的重要组成部分，包括电气化、储能系统和可再生能源。电气化是指将传统的燃油驱动设备改为电力驱动，例如电动港口起重机和电动集装箱搬运设备，这不仅提高了能源效率，还减少了化石燃料的使用和相应的排放。例如，电动轮胎吊（E－RTG）的使用显著降低了能源成本和温室气体排放。储能系统通过在能源需求低谷期储存电能，在需求高峰期释放电能，以平衡电网负荷，优化能源使用效率。例如，超级电容器和锂电池技术已经在一些港口设备中得到应用。储能系统的应用可以显著减少峰值负荷，提高能源利用效率，从而实现节能减排的目标。可再生能源如太阳能、风能等在港口的应用逐渐增多。例如，一些港口已经在仓库屋顶安装了太阳能光伏电池，为港口运营提供电力，减少对传统能源的依赖。此外，风力发电和地热能也在一些港口开始应用，进一步推动了港口的绿色转型。自动化集装箱码头系统通过自动化设备的应用，提高了运营效率和能源利用效率，主要包括自动引导车（Automated Guided Vehicle，AGV）、自动装载车（Automated Lifting Vehicle，ALV）和自动堆垛起重机（Automated Stacking Crane，ASC）。

2.3.1 岸电设备与低硫油

岸电设备是一种行之有效的减少港口船舶污染物排放的技术。Ballini 和 Bozzo 评价采用岸电技术对周边城市社会和经济的影响。为了减少航运排放和改善港口城市的环境，Tseng 和 Pilcher 对岸电设备进行了研究。Sciberras 等旨在通过应用岸电技术减少船舶在泊位停靠时的排放。Kotrikla 等考虑在可持续港口发展中使用岸电设备和可再生能源的潜力。研究表明，采用岸边设备可以有效缓解港口对城市的负面影响。Vaishnav 等提出一个综合模型用于评估采用岸电技术所引起的排放和成本的变化。Winkel 等考虑在港口配备岸电的可能性，以减少排放及改善经济和环境发展。为了控制总成本和减少排放，Innes 和 Monios 分析了在港口特别是中小型港口采用岸电设备的前景。Zis 研究了在港口安装岸电设备以减少排放的潜力，提出了基于 bottom - up 的方法对其进行检验，结果表明岸电技术是一种有效的减排途径。Lu 等研究政府补贴对港口岸电建设和船舶岸电使用的影响。Kim 考虑燃油和电价差带来的效益、减少碳排放带来的收益处以及港口的激励措施，从船舶运营商的角度对使用 SP 进行了经济分析。Zhen 等分析了以政府补贴为基础的激励政策和以泊位优先为基础的激励政策对船舶使用岸电的影响。

Bakar 等综述了岸电技术的工作原理、功率要求、标准化、挑战以及的重要评价指标。Martínez - López 等介绍了一种估算港口特定环境费用的计算方法，以激励船舶在短途海运中使用岸电，该计算方法考虑了船舶种类、技术特征、港口位置和腹地人口等因素，建立了一种污染物区分系统。结果表明，只有当岸电的生成主要依赖可持续能源时，环境费用才能在不利情景下有效刺激船舶进行岸电改装，同时发现，低总吨位、停泊时间较长的船舶可以从岸电使用中获得更多收益。Sifakis等通过技术经济分析，比较了结合氢能储存系统的混合可再生能源发电技术和实施岸电技术。他们建构和评估了十三种情景，结果表明规模经济在起着首重要作用，因为较大型基础设施的氢气储存系统成本较低。

Bakar等提出了一种基于数据驱动的方法，使用多种模型（如人工神经网络、多元线性回归、随机森林、决策树和极端梯度提升）来预测岸电技术的船舶靠泊时间。基于模拟的结果表明，人工神经网络在误差表现方面优于所有其他模型。Piccoli等通过比较岸电的成本与环境外部性和运营维护成本，评估了岸电的回收期。此外，还探讨了在不同欧洲司法管辖区内设置和发展岸电技术所面临的主要监管瓶颈。Spengler和Tovar探讨了岸电技术在减少外部性方面的潜力，估算了2016年西班牙港口系统中靠泊船舶排放的CO_2、NO_x、SO_x和PM所带来的外部成本，为西班牙范围内的实证研究提供了依据，指出了最高外部性存在的位置，并在港口层面上说明了引入岸电技术在减少这些外部性方面的最高潜力。Seyhan等评估了自动系泊系统（AMS）和岸电（CI）方法分别应用和共同应用在伊兹米特湾港口的减排效率。Bakar等提出了一种与清洁能源源集成的合作岸电系统，用于渡轮码头；采用结合尺寸和调度优化的两阶段能源管理策略，以减少港口排放，同时将系统和运营成本降至最低。他们提出，利用清洁能源源驱动的冷接系统是减少渡轮运营排放的可行解决方案，所提出的能源管理方法能够减少排放，并在渡轮码头提供成本效益。

使用低硫油对于船舶而言，无须改造和添加设备与系统，可以省去相关设备投资的费用，具有安全可靠、无政策和管控风险。但是低硫油使用价格高昂，增加了航运企业的成本，0.1%硫价格比普通重油每吨高约190美元，0.5%硫调和油每吨比普通重油高出30～80美元。Vaishnav等比较了在ECA中使用LSFO和洗涤塔的优缺点。赖柯宇等研究了船舶柴油机及燃油锅炉的低硫油切换程序。

陈孟伟比较了船舶安装脱硫塔与选择低硫油的利弊，直炼低硫油比调和低硫油有显著优点，并进行了高低硫燃油的低速机ME台架对比试验，结果表明，ME不同运行工况下废气排放的成分有差异，中负荷以下低硫油比高硫油排放的NO_x、CO_2和CO较高，中负荷以上低硫油比高硫油排放的NO_x、CO_2和CO较低，因此，低硫燃油从根源上减少了SO_x排放，选择低硫燃油是船舶应对限硫最有效的措施。Yang等从供应链视角研究了碳交易系统下，港口与船舶关于使用岸电和低硫油的减排决策。桑高峰等考虑碳税，比较了使用岸电和使用低硫油的经济性。范瀚文等探讨了碳税下的港口与船舶的减排决策问题。Vedachalam等对亚洲、中东、北美、西欧和俄罗斯主要港口的超低硫燃料油（VLSFO）和超低硫燃料油（ULSFO）进行了分析，研究了上述燃料的密度、硫含量、运动黏度、铝硅含量、钒镍含量等特性。Wang等研究不同权力结构［Port Stackelberg（PS）、Nash Game（N）、shipping company Stackelberg（CS）］下，政府补贴对船公司及整个海上供应链岸电或低硫燃油策略选择的影响。结果表明，当碳价很低或很高时，政府补贴不会影响船舶公司选择岸电或低硫燃料油，但当碳价适中时，政府补贴会鼓励船舶公司选择岸电。对于航运公司而言，在碳价较低时采用LSFO或在碳价较高时采用SP可以带来最高的利润。对于政府来说，如果政府更关心供应链的利润，那么政府应该努力促进PS或CS的权力结构，如果政府更关注社会福利，那么应该促进N的权力结构。

2.3.2 绿色能源技术

港口的绿色能源技术备受关注。Alasali等研究一种电气化轮胎式门式（Rubber tired Gantry，RTG）起重机的储能系统。Antonelli 等比较 RTG 起重机中的不同储能系统选项，提出了一种混合推进系统，并通过仿真实验进行了验证。Jonathan 和 Kader 考虑在港口设备中采用电气化技术，如 RTG 起重机，其仿真实验结果可作为港口当局制定政策的借鉴。Phiri 分别建立了柴油/电池混合动力和电网/电池混合动力 RTG 起重机的最优能量管理模型，以最小化总电力成本。Kusakana 建立了一种具有电池储能系统的电网电力 RTG 的最优能量管理模型，该模型的目的是通过最小化与电网最大需求收费相关的组件，以及与使用时间定价结构相关的组件，来降低运营成本。Tang 等研究了双轨龙门起重机调度策略和装卸区设计对集装箱堆场效率和能耗的影响，在每个区块内设置了一个握手区，用于临时存储容器，从而实现双 RMG 的协作和避免干扰。采用基于智能体的离散事件仿真建模方法，建立了双 RMG 系统的仿真模型。通过对 6 种 RMG 调度策略和 13 种握手区域设计的测试，结果表明，2 - OPT RMG 调度策略（一种试图找到具有最小完工时间的调度的优化启发式方法）在效率方面优于其他策略。然而，最小化能耗的最佳 RMG 策略取决于陆地侧和海边请求的比例以及握手区域设置。此外，握手区域的位置对 AGV 和 RMG 的效率和功耗有显著影响。本研究可通过选择特定的 RMG 调度策略和握手区域设计组合，为提高双 RMG 调度效率和降低能耗提供决策支持。

随着全球对可持续发展的关注日益增加，港口作为重要的交通枢纽和物流中心，其能源需求也在不断增长。传统能源的使用不仅带来了高昂的成本，还对环境造成了严重影响。因此，新能源的开发成为港口实现绿色转型的关键。Ramos 等提出采用潮汐流发电的可持续港口战略，以满足港口用电需求。Lamberti 等开发可再生能源（如氢气）和用于智能港口的储能系统。Elkafas 等的研究表明，从技术角度来看，亚历山大港、塞得港和苏伊士港口所需的绿色电力分别约为 13

兆瓦、5 兆瓦和 1.5 兆瓦。同时整合绿色能源将显著降低海港的排放，预计亚历山大港、塞得港和苏伊士港每年将分别减少约 687000 吨、258000 吨和 6400 吨的二氧化碳排放量。从经济角度来看，港口可以通过风力涡轮机提供绿色能源，成本为 0.115 ~ 0.125 美元/千瓦时，而太阳能电池板的成本范围为 0.098 ~ 0.129 美元/千瓦时。此外，氢燃料电池系统的成本约为 0.102 美元/千瓦时。

自动系泊系统也常被用于推动绿色港口的发展。Piris 等考虑利用自动系泊系统减少 CO_2 排放的可能性，并采用了两种基于 bottom - up 的方法来估计这项技术的影响。Díaz - Ruiz - Navamuel 等研究了在 Ro - Ro 码头运用自动系泊系统对于 CO_2 减排的应用前景，结果表明 CO_2 排放量有明显下降。Seyhan 等评估了自动系泊系统（AMS）和冷熨烫（CI）方法分别应用和共同应用在伊兹米特湾港口的减排率。Díaz 等选取了三个配备了 AMS 的集装箱港口 Salalah（阿曼），Beirut（黎巴嫩）和 Ngqura（南非），研究靠泊在这三个港口的集装箱船的 CO_2 排放量，并比较了使用新 AMS 系统进行系泊操作时与不使用该系统时所节省的时间，验证了使用 AMS 对减少集装箱船污染气体排放的作用。

港口设备的创新问题也受到了广泛的关注。Lam 等提出了一种能够更好地利用能源和减少 CO_2 排放的能源管理系统。Zhao 等调查在港口起重机上使用混合储能系统的潜力，以提高能源效率。Al - Falahi 等将电池储能系统与混合动力系统进行对比，并在仿真实验的基础上，分析了这两种技术在油耗和减排方面的性能。Li 等开发卡车预约系统，以减少卡车在港口的尾气排放和等待时间。Xie 等通过研究，提出 LNG 动力船舶在闭锁期间的单项风险在可控范围内，LNG 泄漏的主要威胁是热辐射而不是超压。Buonomano 等提出了一种新的港口能源和经济影响评估与优化的动态仿真模型。在模型里，能源系统和可再生能源设计成与国家电力和天然气电网相连，还包括替代燃料

（氢、生物甲烷等）和热能网络，以及不同的生物质通量（用于能源目的）。

2.3.3　自动化集装箱码头

自动化集装箱码头是港口智能管理领域的重大创新，建设自动化集装箱码头系统也能促进绿色港口的发展。

Kong 等研究了自动化集装箱码头中为串列式码头起重机服务的自动引导车辆调度问题。Song 等 研究了具有电池约束的 AGV 弹性调度问题，考虑了 AGV 在载空两种工况下的不同功耗，以及电池充电容量和充电时间的非线性。针对弹性调度模型，提出了一种改进的充电策略，该策略由两个断开充电电源的阈值组成，以最小化完成运输任务的总运行时间。Zhang 等考虑了常用的两种堆叠规则：随机堆叠规则和基于距离的优先级分配规则，采用两阶段法研究了堆垛策略对集装箱码头运营的影响。Bae 等比较集装箱码头 ALV 和 AGV 的效率，结果表明，当 AGV 的数量足够时，较少的 ALV 可以达到与 AGV 相同的效率水平，AGV 在大多数情况下优于 ALV。Rashidi 和 Tsang 通过网络单纯形算法解决了自动化集装箱码头的 AGV 调度问题，并提出另一种优化算法（贪婪车辆搜索算法）与网络单纯形算法进行对比。Pjevčevič等旨在提高自动化集装箱码头的集装箱装卸效率，并揭示了 AGV 的数量和调度规则对作业过程的影响。Skinner 等旨在改善自动化集装箱码头的集装箱装卸流程，提出了一种基于 GA 的改进算法求解调度问题。Xin 等建立集装箱装卸作业优化问题的动态模型，包括 AGV、ASC 和岸桥。Hu 等分别为 AGV 和 ALV 的存储分配和调度选择联合问题开发了混合整数线性规划模型，并提出了一种基于贪婪搜索的 PSO 算法来求解模型。Singh 等研究了有电池约束的 AGV 调度问题。Wu 等提出了一种基于改进 A^* 和改进 DWA 的混合动态路径规划算法。Gao 等以集装箱堆场的生产活动为研究对象，提出了一种基于数字孪生的集装箱自动堆垛起重机能耗优化方法。Li 等探讨了如何根据各种性能标准适当选择自动化集装箱码头（ACTs）中的终端布局和设施。

学术界已对岸电设备、低硫油使用、绿色能源技术和自动化集装箱码头系统进行了广泛的研究和讨论。现阶段的研究结果表明这些绿色港口技术能够有效地减少港口运营产生的排放，而如何将港口总体运营规划与各项绿色港口技术相结合仍有待研究。

2.4 客户低碳偏好研究现状

随着对生态系统的逐渐重视和低碳消费理念的广泛传播，消费者的低碳偏好逐渐提高。研究表明，低碳产品更有市场，消费者更倾向于为低碳产品付费。客户在港口和航运领域的低碳偏好对减少港口排放有积极的贡献，但有关这方面的研究还很少。在过去的几年里，学者们对消费者的低碳偏好进行了广泛的研究，现有研究主要集中在三个方面：消费者是否有这种偏好，影响消费者低碳偏好的关键因素是什么，以及研究低碳偏好如何影响低碳供应链的生产决策。

在低碳偏好如何影响供应链的经营决策方面，Yu 和 Hou 建立了基于成本分担和协调差异的博弈模型，研究了消费者的低碳偏好如何影响产品供应链的市场需求。Xu 等提出经销商推广低碳产品的相关成本系数、消费者的低碳声誉敏感系数、制造商的减排努力对低碳声誉的影响系数都会影响制造商的减排努力和经销商的低碳推广努力。Gao 等通过基于低碳偏好信息更新的建模和优化方法，研究了低碳供应链的激励策略。研究结果表明，在利益驱动下，供应链成员之间的合作既可以提高自身的利润，也可以提高整个供应链的碳减排效率；

有效的资讯更新比促销津贴更能有效地减少碳排放。Ding 等在考虑碳交易和消费者对低碳产品偏好的情况下，研究了制造商的侵占决策和碳减排决策。研究结果表明，如果政府选择反对碳交易法规，制造商总是从侵占决策中受益，从而导致零售商持续的利润损失。Sun 等考虑到消费者的低碳偏好和减排技术的滞后性，建立了制造商主导的斯塔克尔伯格博弈模型。他们提出消费者的低碳偏好和减排技术的滞后时间对制造商的碳排放转移水平有正向影响，但对供应商的承诺水平没有影响。只有当减排技术的滞后时间保持在适当的范围内，消费者低碳偏好的增加才会增加供应链的利润。Zhu 认为，在研发难度低、消费者信任度高或研发难度大、消费者低碳偏好和品牌认知度高的情况下，优势品牌企业可以通过使用区块链来提高 CER 水平和利润。Zhou 和 Zhang 探讨了碳交易下考虑客户低碳偏好的港口供应链减排技术选择问题，在三种博弈模型（港口领导的斯塔克尔伯格博弈、船舶领导的斯塔克尔伯格博弈和纳什博弈）下，比较港口供应链采用岸电（SP）或低碳流（LSFO）的经济效益和社会效益。结果表明，从社会福利最大化角度，一般来说，当碳价格、消费者低碳偏好和环境关注度都较低或都较高时，使用 LSFO 减排是首选；否则，使用 SP 则为最优选择。

目前，对消费者低碳偏好的研究主要集中在低碳供应链运营管理领域，包括供应链生产决策、减排投资策略、供应链成员间的合作等。但是，在港口供应链中，关于客户低碳偏好对减排决策影响的研究相对较少。本部分比较了港口减排技术，考虑了客户低碳偏好的影响。

为了实现港口和航运的绿色化，港口和船舶相关设备的技术研究和创新至关重要，港口和航运管理方面的优化也是减排和改善环境的重要途径。在管理科学理论和工业实践发展的过程中，港口和航运管理方面的技术也随之发展，航运业的生产率和服务水平有了大幅提升，有利于绿色和高效的港口和航运网络的构建。然而，在港口和航运的排放控制方面，相关的研究在学术界和航运业都还没有完整的体系，意味着目前港口减排仍然缺乏科学指导，如何制定科学的减排决策以及政府管理机制，提升运营效率以及节能和减排，成为低碳经济背景下我国港口行业面临的现实问题。本书探讨我国港口减排决策的内在机理以及政府干预的影响，提出相关对策建议，丰富港口和航运排放控制理论研究，指导港航企业减排，为政府推动低碳港口建设提供对策建议，在“碳达峰、碳中和”战略背景下，具有重要的理论意义和应用价值。

第三章　考虑政府补贴的港口与船舶减排决策研究

全球港口与航运网络的发展是世界经济增长的重要推动力，更是全球供应链的重要载体。然而，频繁的航运活动所造成有害气体和温室气体的排放，已成为港航活动的主要能耗单位和污染源头，例如 NO_x、SO_x、CO、PM（颗粒物）和温室气体中的 CO_2 等污染物的排放。作为全球供应链的重要组成部分，港口行业的排放量也占上述排放和污染的较大比重。根据《中国机动车环境管理年报（2018）》，2017 年我国船舶排放二氧化硫、碳氢化合物、氮氧化物、颗粒物分别为 85.3 万吨、7.9 万吨、134.6 万吨、13.1 万吨，其中氮氧化物和颗粒物分别占非道路移动源排放的 25.6% 和 28.4%。上海、深圳、香港等港口城市大气源解析研究显示，船舶港口排放已成为重要的排放源之一。作为世界港口和航运大国，如何实现港口与航运节能减排的目标、建设绿色港口已成为我国政府监管部门必须面对的重要问题。

为减少航运业的环境影响，我国出台了多项法律法规和技术标准。《中华人民共和国海洋环境保护法》是中国海洋环境保护的基础性法律，该法明确了船舶污染防治的要求，涵盖了废油、垃圾、废气和其他有害物质的处理。法案要求加强船舶污染监测，并对违反环保规定的船舶和企业进行严厉处罚。此外，中国还积极推动船舶岸电技术的应用，即在船舶停泊期间，通过连接岸上的电力供应系统，减少船舶自身发电所产生的燃油消耗和污染排放。各大港口，如上海、深圳等，已经建设了完善的岸电设施，鼓励船舶使用清洁电力，减少靠港时的污染。为了减少船舶排放，中国加速推进船舶燃料的升级换代，推广使用低硫燃料，并鼓励研发和应用液化天然气（LNG）、氢能等清洁能源动力船舶。这些技术手段的应用，不仅降低了船舶的污染物排放，还推动了中国航运业的绿色转型。

目前，使用岸电（SP）或低硫油（LSFO）是港口区域船舶减排的流行趋势。使用岸电需要港口和船运公司的共同努力和投资，港口建设岸电设备设施以传输电力，而船舶需要安装受电设备设施以接收电力。港口岸电设施建设和船舶岸电接入改造需要较大初始资金投入，但岸电减排效果显著。Hall 提出采用岸电可以显著减少排放，通过改用岸电，英国泊位上船舶的 CO_2 排放可以减少约 24. 5%，NO_x 可以减少 91. 6%。低硫油（LSFO）是一种清洁能源，使用低硫油无须改造和添加设备，可以省去相关设备投资的费用，但低硫油价格贵，减排效果不如岸电。2019 年 7 月，交通运输部起草的《船舶靠港使用岸电管理办法（征求意见稿）》要求具备岸电受电设施的船舶，在沿海船舶大气污染物排放控制区内具备岸电供应能力的泊位停泊超过 3 小时，或者在内河船舶大气污染物排放控制区内具备岸电供应能力的泊位停泊超过 2 小时，且不使用有效替代措施的，应当使用岸电。那么，船舶是使用 SP 还是使用 LSFO，该如何决策？

企业减排要付出额外成本，我国政府通过补贴激励港航企业减排。交通运输部公布的统计数据显示，中央财政于 2016—2018 年通过车辆购置税收入补助地方资金对沿海和内河港口岸电设备设施建设和船舶受电设备设施改造项目，三年来共安排车辆购置税奖励资金 7. 4 亿元，支持靠港船舶使用岸电。除交通运输部进行补贴外，各地方政府也对岸电和低硫油进行补贴。如深圳 2015 年 3 月至 2019 年 12 月，累计发放船用低硫油补贴 8329. 11 万元，发放岸电补贴 7555. 68 万元。随着港口运营商的不断探索和政府的有效支持，我国 40% 以上的主要港口都安装了岸电基础设施，为靠泊船舶提供陆上电力。然而，当前岸电改装船舶的渗透率仍不到中国船舶的 1%，具备受电设施的船舶数量少，岸电使用率总体仍然较低，船舶岸电使用意愿不高。

船舶岸电使用意愿不高，从补贴政策来看，与当前"补贴标准不一，缺乏规范和研究"不无关系。如深圳于 2018 年 1 月实施的《深圳市绿色低碳港口建设补贴资金管理暂行办法》，对港口岸电设施，按不超过项目建设费用 30% 的标准资助；对进行岸电改造的船舶按改造费用的 30% 进行资助；对港口岸电设施产生的供电需量费进行全额补贴。广州于2019年1月发布的《广州市港务局关于印发广州港口船舶排放控制补贴资金实施方案的通知》，规定港口岸电设施建设补贴为项目建设费用的50%；船舶靠港期间使用岸电设施均按照0.1元每度的优惠价结算电费，结算电费与港口企业岸电电费成本差价由政府补足。上海2015年的《上海港靠泊国际航行船舶岸基供电试点工作方案》中规定，对港口岸电设施建设费用给予30%的专项补贴，并由港口建设费给予1∶1的配套补贴；对电力增容费将由电力公司减半收取，并由港口建设费补贴10%；对基本电价进行全额补贴，对电度电价实行与新加坡普氏船用油价格挂钩，动态调整、定额补贴，根据岸电设备的用电量对港口岸电设备相关维护费用给予0.07元/千瓦时的补贴。可见，当前政府大力补贴港口岸电设施建设，而对船舶岸电设备改造补贴相对较少。那么在当前船舶岸电使用意愿不高的情况下，政府该如何对船舶进行补贴？2021年2月，国务院印发《关于加快建立健全绿色低碳循环发展经济体系的指导意见》，强调要积极打造绿色航道、绿色港口，明确指出要加大推广绿色船舶示范应用力度，加快港口岸电设施建设。在此背景下，探讨绿色港口建设下的政府补贴策略，更好地推动船舶减排，具有重要现实意义。

近年来，绿色港口越来越受到学术界的重视。从国际上来看，学术界对绿色港口的研究经历了从污染源控制到强调经济、社会、环境相互协调的过程。Psaraftis等认为为了减少污染排放，通常有三种方法可供选择：清洁生产技术的采用、基于市场的规制、生产运营的优化，但是这些措施在改善环境的同时，必然会影响港口的经济效益。Acciaro等认为促进环境的可持续发展涉及港口管理者、政策制定者、港口使用者和当地社区的利益主体，成功的创新必须考虑上述主体的利益，基于此提出了一个考虑上述主体的创新框架。

关于岸电技术，国内外相关研究主要有：Martínez－López等采用一种估算港口特定环境收费的计算方法，来激励短程海运船舶使用岸电；Le 等采用定量方法对越南北部、中部和南部的 215 名港口管理人员进行了调查，研究了采用岸电的影响因素，结果表明，经济激励和监管对港口采用岸电有积极影响。Reusser 等评估了船舶在泊位使用岸电技术时，采用双向功率流控制策略的排放影响，从而优化辅机的运行廓线。Martínez－López 等采用计量方法，以货币形式评估了岸电和 LNG 在瑞士的减排效果。Cao 等通过经济成本方法分析船舶岸电技术的环境效益，证实了岸电技术的可行性。Zis 研究表明，只要管理机构协助船舶经营者和港口进一步采用岸电技术，那么岸电是一个可行的减少排放的选择。Dariusz 等介绍了内陆电力供应船舶系统设计的建议、标准和规定。Zis 等关注减排技术的回收期，包括洗涤器和岸电。冯华等以南沙港三期工程为例，采用单一变量法，系统地分析了船舶岸电改造成本回收年限与国家补贴之间的相互关系，研究得出，政府对于岸电改造港口的补贴政策对于岸电改造港口和船舶是十分重要的。

关于低硫油技术，Panasiuk 等比较了在 ECA 中使用低硫油和洗涤器的优缺点。Antturi 等对波罗的海 ECA 内 0.1% 的硫限值规定进行成本效益分析，他们的研究结果表明，船型、大小和燃油消耗将影响低硫油和洗涤器的选择。朱现场等在对使用低硫油、安装脱硫塔和使用液化天然气燃料 3 种措施，考虑资金的时间价值，提出基于费用现值法的硫排放限制应对措施经济性模型。实例分析结果表明，不同方案的经济性取决于船舶剩余使用年限、船舶在硫排放控制区内航行的距离和燃油差价等因素。

当前，关于岸电和低硫油的研究文献大多停留在技术层面的分析和应用层面的介绍，主要是单一地从技术、成本方面定量分析其可行性，没有考虑到政府的补贴机制和其他利益参与者的决策情况进行研究，特别是以下重要问题还需进一步探讨：一是港口与船舶减排的决策机理是什么；二是政府补贴与港航企业减排决策的关系是什么。为了顺应全球减排发展的趋势，以及实现我国碳达峰和碳中和承诺目标，作为世界港口和航运大国，探索切合实际的绿色发展之路，迫切需要对港航企业减排决策以及政府补贴策略进行分析和研究。事实上，港航企业减排可以看作一类由港口和船公司构成的供应链系统，完全可以从供应链视角来进行研究。

综上所述，在前人研究基础上，基于岸电和低硫油减排特点与企业决策机理，从供应链视角，构建政府补贴下的港口、船舶博弈模型，采用博弈方法研究港航企业减排决策以及政府补贴策略，为推动港航企业减排提供理论支持。

3.1　问题描述

港口区域可供选择的减排技术有两种：SP 和 LSFO，使用 SP 需要港口与船公司共同进行初始投资，且初始投资费用高，但岸电价格便宜，排放低。而使用 LSFO 则不需要初始投资，也不需要港口介入，但低硫油价格贵，排放比 SP 高。那么，港航企业该如何决策减排技术？港口与船舶在市场中的地位是否影响减排技术决策？政府该如何进行补贴？基于此，针对实际中的难点，本书重点研究政府补贴下，港口和船公司在不同博弈结构下的价格、收益、排放量等指标，探讨绿色港口建设下的港口区域减排决策问题。

3.2　模型建立

港口减排中，港口、船公司组成一个供应链系统，政府先制订补贴政策，港口与船公司在观测到政府补贴政策后决策运费价格、港口服务价格以及产出。在实践中，港口与船舶在市场中地位的不同，可能会导致存在四种结构情形：一是港口与船舶协作，进行集中决策；二是港口处于主导地位，船舶是追随者；三是船舶处于主导地位，港口是追随者；四是港口与船舶处于同等地位。随后构建四种情形下的博弈模型，进行分析。

3.2.1 参数说明和假设

相关参数和变量总结如下。下标 i（$i=E$，L）表示采用的减排技术，E 代表 SP，L 代表 LSFO，下标 j（$j=G$，P，S，N）表示博弈类型，G 代表集中决策，S 代表港口主导的斯塔克尔伯格博弈，P 代表船舶主导的斯塔克尔伯格博弈，N 代表双方同等地位的纳什博弈。上标 k（$k=p$，s，sc）表示供应链中的成员，p，s，sc 分别代表港口、船公司和整体供应链。

参数与变量如下：

a，市场容量；

b，客户需求对每单位 TEU 的市场价格的敏感系数（$b>0$）；

q，货物需求量/万吨；

c_t，船舶单位航海运输成本/元；

c_E，采用岸电后船舶的单位服务成本/元；

c_L，采用低硫油后船舶的单位服务成本/元；

c_S，采用岸电后港口的单位服务成本/元；

θ，政府对船舶每单位碳排放减少量的补贴；

e，不采用减排技术时的单位碳排放量；

e_{i-j}，使用 i 技术在 j 博弈中的单位碳排放量；

U_{i-j}^{k}，使用 i 技术在 j 博弈中的利润/万元；

m_{i-j}，使用 i 技术在 j 博弈中港口装卸每单位 TEU 的价格/元；

w_{i-j}，使用 i 技术在 j 博弈中船舶运输每单位 TEU 的价格/元；

p_{i-j}，使用 i 技术面向客户的服务价格/元，$p_{i-j} = m_{i-j} + w_{i-j}$。

而不管采用哪种技术，面向客户的服务价格应该要高于相应的成本，也就是当采用岸电时 $m_{E-j} > c_S$，$w_{E-j} > c_t + c_E$；当使用低硫油时，$m_{L-j} > 0$，$w_{L-j} > c_L + c_t$。

为简化研究问题，作如下假设：

假设 5.1：政府对船舶单位排放减少量进行补贴，即政府以船舶使用减排技术后所减少的单位碳排放量为依据进行补贴；

假设 5.2：$e_E < e_L$，$c_E + c_S > c_L$。

3.2.2　考虑政府补贴的 SP 使用模型

在港航供应链中，政府制订补贴政策，港口和船公司进行岸电改造，船舶靠港后直接用岸电代替燃油发电，模型如下：

船公司需求函数为：

$$q = a - bp = a - b(m + w) \tag{3-1}$$

船公司利润函数为：

$$U^s = (w - c_t - c_E)q + (e - e_E)q\theta \tag{3-2}$$

港口利润函数为：

$$U^p = (p - w - c_S)q = (m - c_S)[a - b(m + w)] \tag{3-3}$$

供应链整体利润函数为：

$$U^{sc} = U^s + U^p \tag{3-4}$$

式（3-2）表示船公司的利润，其利润包括来自客户的收入，在港口的靠泊费用，运输成本，使用岸电的成本，以及来自政府的补贴。式（3-3）中，表示提供靠泊服务所得港口利润。给定提供的服务量 q，港口区域的碳排放总量为：

$$T_i = qe_i,\ i = E,\ l$$

3.2.3 考虑政府补贴的 LSFO 使用模型

当采用低硫油时，港口与航运企业的利润函数可以表示为：

船公司利润函数为：

$$U^s = (w - c_t - c_L)q + (e - e_L)q\theta \tag{3-5}$$

港口利润函数为：

$$U^p = (p - w)q = m[a - b(m + w)] \tag{3-6}$$

式（3－5）中，第一项表示船舶的利润，第二项表示使用 LSFO 后，而获得的政府补贴。式（3－6）表示船公司的利润函数。

3.3 使用 SP 的模型求解

分别考虑集中决策、分散决策（船舶占主导地位、港口占主导地位，以及双方处于同等地位）下的服务价格、企业利润以及排放量。

3.3.1 集中决策情形

集中决策情形下，港口与船舶协同合作，以整体供应链利润最大化为目标，即：

$$\max U^{sc} = (p - c_t - c_S - c_E)(a - bp) + (e - e_E)q\theta$$

由于$\frac{\partial^2 U^{sc}}{\partial p^2} = -2b$，结合$\frac{\partial U^{sc}}{\partial p} = 0$，可得最优服务价格和服务量为：

$$p_{E-G} = \frac{a + b(c_E + c_S + c_t - e\theta + e_E\theta)}{2b},$$

$$q_{E-G} = \frac{a - b(c_E + c_S + c_t - e\theta + e_E\theta)}{2b}$$

从而有：

$$U_{E-G}^{sc}=\frac{[a-b(c_E+c_S+c_t-e\theta+e_E\theta)]^2}{4b}$$

$$T_{E-G}=\frac{1}{2}(e-e_E)[a-b(c_E+c_S+c_t-e\theta+e_E\theta)]$$

3.3.2　分散决策情形

（1）船公司处于主导地位的斯塔克尔伯格博弈。

首先，在政府补贴和船舶运输价格的前提下，港口追求自身利润最大化，即：

$$\max U^p=(m-c_S)q$$

由于$\frac{\partial^2 U^p}{\partial m^2}=-2b$，结合$\frac{\partial U^p}{\partial m}=0$，可得港口最优服务价格为：

$$m=\frac{a+bc_S-bw}{2b}$$

然后，船公司追求自身利润最大化，即：

$$\max U^s=(w-c_t-c_E)[a-b(m+w)]+(e-e_E)q\theta$$

由于$\frac{\partial^2 U^s}{\partial w^2}=-b$，根据$\frac{\partial U^s}{\partial w}=0$，可得：

$$w_{E-S}=\frac{a+bc_E-bc_S+bc_t+be_E\theta-be\theta}{2b}$$

从而有：

$$m_{E-S}=\frac{a-b(c_E-3c_S+c_t-e\theta+e_E\theta)}{4b},$$

$$p_{E-S}=\frac{3a+b(c_E+c_S+c_t-e\theta+e_E\theta)}{4b}$$

$$U_{E-S}^{p}=\frac{[a-b(c_E+c_S+c_t-e\theta+e_E\theta)]^2}{16b},$$

$$U^{s}_{E-S}=\frac{[a-b(c_E+c_S+c_t-e\theta+e_E\theta)]^2}{8b}$$

$$U^{sc}_{E-S}=\frac{3[a-b(c_E+c_S+c_t-e\theta+e_E\theta)]^2}{16b},$$

$$T_{E-S}=\frac{1}{4}e_E[a-b(c_E+c_S+c_t-e\theta+e_E\theta)]$$

（2）港口与船公司处于同等地位的纳什博弈。

在政府补贴下，港口追求自身利润最大化，即：

$$\max U^{p}=(m-c_S)q$$

由于$\frac{\partial^2 U^p}{\partial m^2}=-2b$，结合$\frac{\partial U^p}{\partial m}=0$，可得：

$$m=\frac{a+bc_S-bw}{2b} \tag{3-7}$$

同样地，船公司追求自身利润最大化，即：

$$\max U^{s}=(w-c_t-c_E)[a-b(m+w)]+(e-e_E)q\theta$$

由于$\frac{\partial^2 U^s}{\partial w^2}=-2b$，根据$\frac{\partial U^s}{\partial w}=0$，可得：

$$w=\frac{a+bc_E+bc_t-bm-be\theta+be_E\theta}{2b} \tag{3-8}$$

联立式（3－7）和式（3－8），求解可得：

$$m_{E-N}=\frac{a+b(c_E-2c_S-c_t-e\theta+e_E\theta)}{3b},$$

$$w_{E-N}=\frac{a-bc_S+2b(c_E+c_t-e\theta+e_E\theta)}{3b}$$

从而有：

$$p_{E-N}=\frac{2a+b(c_E+c_S+c_t-e\theta+e_E\theta)}{3b},$$

$$U^{p}_{E-N}=\frac{[a-b(c_E+c_S+c_t-e\theta+e_E\theta)]^2}{9b}$$

$$U_{E-N}^{s}=\frac{[a-b(c_E+c_S-e\theta+c_t+e_E\theta)]^2}{9b},$$

$$U_{E-N}^{sc}=\frac{2[a-b(c_E+c_S+c_t-e\theta+e_E\theta)]^2}{9b}$$

$$T_{E-N}=\frac{1}{3}e_E[a-b(c_E+c_S+c_t-e\theta+e_E\theta)]$$

（3）港口处于主导地位的斯塔克尔伯格博弈。

首先，在政府补贴和港口服务价格的前提下，船舶追求自身利润最大化，即：

$$\max U^s=(w-c_t-c_E)[a-b(m+w)]+(e-e_E)q\theta$$

由于$\frac{\partial^2 U^s}{\partial w^2}=-2b$，根据$\frac{\partial U^s}{\partial w}=0$可以得到：

$$w=\frac{a+bc_E+bc_t-bm-be\theta+be_E\theta}{2b}$$

然后，港口追求自身利润最大化，即：

$$\max U^p=(m-c_S)q$$

由于$\frac{\partial^2 U^p}{\partial m^2}=-b$，结合$\frac{\partial U^p}{\partial m}=0$，可得港口最优服务价格为：

$$m_{E-P}=\frac{a-b(c_E-c_S+c_t-e\theta+e_E\theta)}{2b}$$

可得：

$$w_{E-P}=\frac{a+b(3c_E-c_S+3c_t+-3e\theta+3e_E\theta)}{4b},$$

$$p_{E-P}=\frac{3a+b(c_E+c_S+c_t-e\theta+e_E\theta)}{4b}$$

$$U_{E-P}^{p}=\frac{[a-b(c_E+c_S+c_t-e\theta+e_E\theta)]^2}{8b},$$

$$U_{E-P}^{s}=\frac{[a-b(c_E+c_S+c_t-e\theta+e_E\theta)]^2}{16b}$$

$$U_{E-P}^{sc}=\frac{3[a-b(c_E+c_S+c_t-e\theta+e_E\theta)]^2}{16b},$$

$$T_{E-P}=\frac{1}{4}e_E[a-b(c_E+c_S+c_t-e\theta+e_E\theta)]$$

3.4 使用 LSFO 的模型求解

分别考虑集中决策、分散决策（船舶占主导地位、港口占主导地位，以及双方处于同等地位）下的服务价格、企业利润以及排放量。

3.4.1 集中决策情形

集中决策情形下，港口与船舶协同合作，以整体供应链利润最大化为目标，即：

$$\max U^{sc}=(p-c_t-c_L)(a-bp)+(e-e_L)q\theta$$

由于$\frac{\partial^2 U^{sc}}{\partial p^2}=-2b$，结合$\frac{\partial U^{sc}}{\partial p}=0$，可得港口最优服务价格和服务量为：

$$p_{L-G}=\frac{a+b(c_L+c_t-e\theta+e_L\theta)}{2b},$$

$$q_{L-G}=\frac{a-b(c_L+c_t-e\theta+e_L\theta)}{2b}$$

从而有：

$$U_{L-G}^{sc}=\frac{[a-b(c_L+c_t-e\theta+e_L\theta)]^2}{4b},$$

$$T_{L-G}=\frac{1}{2}e_L[a-b(c_L+c_t-e\theta+e_L\theta)]$$

3.4.2　分散决策情形

（1）船公司处于主导地位的斯塔克尔伯格博弈。

首先，在政府补贴和船舶运输价格的前提下，港口追求自身利润最大化，即：

$$\max U^p = mq$$

由于$\frac{\partial^2 U^p}{\partial m^2} = -2b$，结合$\frac{\partial U^p}{\partial m} = 0$，可得港口最优服务价格为：

$$m = \frac{a - bw}{2b}$$

然后，船公司追求自身利润最大化，即：

$$\max U^s = (w - c_t - c_L)[a - b(m + w)] + q(e - e_L)\theta$$

由于$\frac{\partial^2 U^s}{\partial w^2} = -b$，根据$\frac{\partial U^s}{\partial w} = 0$，可得：

$$w_{L-S} = \frac{a + bc_L + bc_t - be\theta + be_L\theta}{2b}$$

从而有：

$$m_{L-S} = \frac{a - b(e_L\theta + c_L + c_t - e\theta)}{4b},$$

$$p_{L-S} = \frac{3a + b(c_L + c_t - e\theta + e_L\theta)}{4b}$$

$$U^p_{L-S} = \frac{[a - b(c_L + c_t - e\theta + e_L\theta)]^2}{16b},$$

$$U^s_{L-S} = \frac{[a - b(c_L + c_t - e\theta + e_L\theta)]^2}{8b}$$

$$U^{sc}_{L-S} = \frac{3[a - b(c_L + c_t - e\theta + e_L\theta)]^2}{16b},$$

$$T_{L-S} = \frac{1}{4}e_L[a - b(c_L + c_t - e\theta + e_L\theta)]$$

（2）港口与船公司处于同等地位的纳什博弈。

在政府补贴下，港口追求自身利润最大化，即：

$$\max U^p = mq$$

由于$\frac{\partial^2 U^p}{\partial m^2} = -2b$，结合$\frac{\partial U^p}{\partial m} = 0$，可得：

$$m_{L-N} = \frac{a - bw}{2b} \tag{3-9}$$

同样地，船公司追求自身利润最大化，即：

$$\max U^s = (w - c_t - c_L)[a - b(m + w)] + q(e - e_L)\theta$$

由于$\frac{\partial^2 U^s}{\partial w^2} = -2b$，根据$\frac{\partial U^s}{\partial w} = 0$，可以得到：

$$w_{L-N} = \frac{a + bc_L + bc_t - bm - be\theta + be_L\theta}{2b} \tag{3-10}$$

联立式（3－9）和式（3－10），求解可得：

$$m_{L-N} = \frac{a - b(e_L\theta + c_L + c_t - e\theta)}{3b},$$

$$w_{L-N} = \frac{a + 2bc_L + 2bc_t - 2be\theta + 2be_L\theta}{3b}$$

从而有：

$$p_{L-N} = \frac{2a + b(e_L\theta + c_L + c_t - e\theta)}{3b},$$

$$U^p_{L-N} = \frac{[a - b(e_L\theta + c_L + c_t - e\theta)]^2}{9b}$$

$$U^s_{L-N} = \frac{[a - b(e_L\theta + c_L + c_t - e\theta)]^2}{9b},$$

$$U^{sc}_{L-N} = \frac{2[a - b(e_L\theta + c_L + c_t - e\theta)]^2}{9b}$$

$$T_{L-N} = \frac{1}{3}e_L[a - b(e_L\theta + c_L + c_t - e\theta)]$$

（3）港口处于主导地位的斯塔克尔伯格博弈。

首先，在政府补贴政策和港口服务价格的前提下，船舶追求自身利润最大化，即：

$$\max U^s=(w-c_t-c_L)[a-b(m+w)]+(e-e_L)\theta q$$

由于$\frac{\partial^2 U^s}{\partial w^2}=-2b$，根据$\frac{\partial U^s}{\partial w}=0$，可以得到：

$$w=\frac{a+bc_L+bc_t-bm-be\theta+be_L\theta}{2b}$$

然后，港口追求自身利润最大化，即：

$$\max U^p=mq$$

由于$\frac{\partial^2 U^p}{\partial m^2}=-b$，结合$\frac{\partial U^p}{\partial m}=0$，可得港口最优服务价格为：

$$m_{L-P}=\frac{a-bc_L-bc_t-eb\theta+be_L\theta}{2b}$$

可得：

$$w_{L-P}=\frac{a+b(3c_L+3c_t+\ -3e\theta+3e_L\theta)}{4b},$$

$$p_{L-P}=\frac{3a+b(c_L+c_t-e\theta+e_L\theta)}{4b}$$

$$U^p_{L-P}=\frac{[a-b(c_L+c_t-e\theta+e_L\theta)]^2}{8b},$$

$$U^s_{L-P}=\frac{[a-b(c_L+c_t-e\theta+e_L\theta)]^2}{16b}$$

$$U^{sc}_{L-P}=\frac{3[a-b(c_L+c_t-e\theta+e_L\theta)]^2}{16b},$$

$$T_{L-P}=\frac{1}{4}e_L[a-b(c_L+c_t-e\theta+e_L\theta)]$$

3.5 结果分析

将上述所得结果进行分析，比较不同权力结构下的最优定价、排放量、企业利润，以获得一些有益的管理启示。

3.5.1 最优价格分析

港口供应链中，将不同权力结构下的最优服务价格进行比较，可得命题3.1。

命题3.1：港口供应链中，满足如下关系

$p_{i-P}=p_{i-S}>p_{i-N}>p_{i-G}$，$m_{i-P}>m_{i-N}>m_{i-S}$，$w_{i-P}<w_{i-N}<w_{i-S}$。

引理3.1：港口供应链中，使用SP下，港口的最优服务价格m_{E-j}随着c_E、e_E的增加而增加，随着c_S、c_t、θ的增加而减少，船公司最优服务价格w_{E-j}随着c_S、θ的增加而减少，随着c_E、c_t、e_E的增加而增加。使用低硫油时，港口的最优服务价格m_{L-j}随着c_L、e_L的增加而增加，随着c_t、θ的增加而减少，船公司最优服务价格w_{L-j}随着θ的增加而减少，随着c_t、c_L、e_L的增加而增加。

可以很直观地看出，随着补贴的提高，船舶会降低服务价格，而港口会提高服务价格。但为确保市场需求，两者的总服务价格（m_j+w_j）整体是下降的。

命题3.2：港口供应链中，有如下关系

$\frac{\partial p_{i-S}}{\partial\theta}=\frac{\partial p_{i-P}}{\partial\theta}<\frac{\partial p_{i-N}}{\partial\theta}<\frac{\partial p_{i-G}}{\partial\theta}<0$，$0<\frac{\partial m_{i-S}}{\partial\theta}<\frac{\partial m_{i-N}}{\partial\theta}<\frac{\partial m_{i-P}}{\partial\theta}$，$\frac{\partial w_{i-P}}{\partial\theta}<\frac{\partial w_{i-N}}{\partial\theta}<\frac{\partial w_{i-S}}{\partial\theta}<0$。

结合命题3.1、命题3.2可知，集中决策时的供应链定价最低，

当供应链一方处于主导地位时，供应链整体价格是不变的，而当双方处于同等地位时，各自价格变化较大，整体价格变化会大于一方处于主导地位情形。双方处于同等地位的定价低于一方处于主导地位的定价。

3.5.2　利润分析

本节比较不同权力结构下的港口、船公司和整体供应链利润。

引理 3.2：港口供应链的利润 U^{sc}_{i-j} 是关于 c_E、c_t、θ、e_i 和 c_S 的凹函数。

在补贴极低时，基本可以忽略不计，由于极高的运营成本，港口可能会选择减少其对船公司的服务，以确保企业利润。而随着补贴的增加，运营成本降低，供应链服务价格降低，市场需求增加，随着补贴的增加，供应链的整体利润迅速增加。

命题 3.3：在不同的博弈结构模型下，港口、船舶以及供应链总利润满足如下关系

$U^{p}_{i-P} \geqslant U^{p}_{i-N} \geqslant U^{p}_{i-S}$；$U^{s}_{i-P} \leqslant U^{s}_{i-N} \leqslant U^{s}_{i-S}$；$U^{sc}_{i-G} > U^{sc}_{i-N} \geqslant U^{sc}_{i-P} = U^{sc}_{i-S}$。

命题 3.3 表明，集中决策情形下，供应链的整体利润最高。分散决策情形下，与在供应链中充当追随者的情况相比，无论是港口还是船公司，作为博弈的领导者总是可以获得更高的利润。但一方处于主导地位的供应链整体利润不变，且小于双方处于同等地位下的供应链整体利润。因而，作为更关注供应链整体利润的监管者，应该积极推动港口供应链的协同合作，这与 2019 年我国交通运输部、财政部等六部门联合制定印发的《关于进一步共同推进船舶靠港使用岸电工作的通知》中的“进一步加大船舶靠港使用岸电协同推进力度要求”相符。而当无法达成供应链协同合作时，则应鼓励双方处于平等地位情形。

命题 3.4：在不同的博弈结构模型下，港口供应链满足如下关系 $\frac{\partial U_{i-G}^{sc}}{\partial\theta} > \frac{\partial U_{i-N}^{sc}}{\partial\theta} > \frac{\partial U_{i-S}^{sc}}{\partial\theta} = \frac{\partial U_{i-P}^{sc}}{\partial\theta} > 0$，$0 < \frac{\partial U_{i-S}^{p}}{\partial\theta} < \frac{\partial U_{i-N}^{p}}{\partial\theta} < \frac{\partial U_{i-P}^{p}}{\partial\theta}$，$0 < \frac{\partial U_{i-P}^{s}}{\partial\theta} < \frac{\partial U_{i-N}^{s}}{\partial\theta} < \frac{\partial U_{i-S}^{s}}{\partial\theta}$。

港口利润、船舶利润和供应链总利润与补贴呈正向关系，即补贴的增加会导致利润的增加。但同等条件下，集中决策情形的供应链整体利润增加最快，其次是双方处于同等地位情形，最后是一方处于主导地位情形。在一方处于主导地位情形下，处于主导地位的不管是船舶还是港口，由于其更关注整体利润的变化，因此补贴变化对其利润影响要高于追随者。

命题 3.5：使用不同的减排技术，存在如下关系

当 $0 < \theta < \frac{c_L - c_E - c_S}{e_E - e_L}$ 时，

$U_{E-P}^{p} < U_{L-P}^{p}$；$U_{E-P}^{s} < U_{L-P}^{s}$；$U_{E-S}^{p} < U_{L-S}^{p}$；$U_{E-S}^{s} < U_{L-S}^{s}$；$U_{E-N}^{p} < U_{L-N}^{p}$；$U_{E-N}^{s} < U_{L-N}^{s}$；

$$U_{E-j}^{sc} < U_{L-j}^{sc}$$

当 $\theta > \frac{c_L - c_E - c_S}{e_E - e_L}$ 时，

$U_{E-P}^{p} > U_{L-P}^{p}$；$U_{E-P}^{s} > U_{L-P}^{s}$；$U_{E-S}^{p} > U_{L-S}^{p}$；$U_{E-S}^{s} > U_{L-S}^{s}$；$U_{E-N}^{p} > U_{L-N}^{p}$；$U_{E-N}^{s} > U_{L-N}^{s}$；

$$U_{E-j}^{sc} > U_{L-j}^{sc}$$

与 LSFO 相比，SP 是一种更加昂贵但也更加有效的减少排放技术。当补贴较低时，船舶没有动力使用昂贵的 SP 技术，因此这时 LSFO 是首选。而当补贴较高时，船舶更愿意使用 SP 技术。

3.5.3 碳排放分析

下面分析不同权力结构模型下的供应链总排放量。

引理 3.3：港口供应链中，使用 LSFO 时，总排放量 T_{L-j}随着 c_t、c_L的增加而减少，随着 θ 的增加而增加。使用 SP 时，总排放量T_{E-j}随着 c_E、c_t和 c_s的增加而减少，随着 θ 的增加而增加。

命题 3.6：在不同博弈结构模型下，港口供应链总排放量的关系如下

$$T_{i-P}=T_{i-S}<T_{i-N}<T_{i-G},\ 0<\frac{\partial T_{i-S}}{\partial\theta}=\frac{\partial T_{i-P}}{\partial\theta}<\frac{\partial T_{i-N}}{\partial\theta}<\frac{\partial T_{i-G}}{\partial\theta}$$

命题 3.6 表明，供应链总排放量与补贴呈正向关系，即补贴的增加会导致供应链总排放量的增加。在一定条件下，随着补贴的增加，集中决策下的供应链更倾向于降低价格，增加排放，其排放总量大于分散决策下供应链的排放量。分散决策下，双方处于同等地位的纳什博弈更关注整条供应链的需求，比一方处于主导地位更倾向于降低价格，扩大市场需求，增加排放，其排放量大于一方处于主导地位的排放量。作为更关注排放控制的政府，则应制订适度的补贴政策，因为过高的补贴可能会导致排放的增加，同时应鼓励一方处于主导地位的博弈结构模型，以减少排放。

命题 3.7：在不同减排技术下，供应链总排放量满足如下关系

$$\text{当}0<\theta<\frac{bc_Le-bc_Ee-bc_Se-ae_E+bc_Ee_E+bc_Se_E+bc_te_E+ae_L-bc_Le_L-bc_te_L}{2be(e_E-e_L)-b(e_E^2-be_L^2)}$$

时，$T_{E-j}<T_{L-j}$；

$$\text{当}\ \theta>\frac{bc_Le-bc_Ee-bc_Se-ae_E+bc_Ee_E+bc_Se_E+bc_te_E+ae_L-bc_Le_L-bc_te_L}{2be\ (e_E-e_L)\ \ -b\ \ (e_E^2-be_L^2)}$$

时，$T_{E-j}>T_{L-j}$。

当补贴较低时，排放对最优供应链定价和利润的影响较小。在这种情形下，使用 LSFO 比使用 SP 具有总体成本优势，使用 LSFO 下的价格更低，市场需求更高，供应链总体利润更高。当 $\theta<\frac{bc_Le-bc_Ee-bc_Se-ae_E+bc_Ee_E+bc_Se_E+bc_te_E+ae_L-bc_Le_L-bc_te_L}{2be(e_E-e_L)-b(e_E^2-be_L^2)}$时，

由于较高的单位排放量，使用 LSFO 的总排放量高于使用 SP 的总排放量。随着补贴的增加，当 $\frac{bc_Le-bc_Ee-bc_Se-ae_E+bc_Ee_E+bc_Se_E+bc_te_E+ae_L-bc_Le_L-bc_te_L}{2be(e_E-e_L)-b(e_E^2-be_L^2)}<\theta<\frac{c_L-c_E-c_S}{e_E-e_L}$时，使用 LSFO 仍比使用 SP 具有总体成本优势，此时，虽然 SP 的单位排放量较低，但由于供应链会提供更多的服务，因此，使用 LSFO 的总排放量低于使用 SP 的总排放量。而当 $\theta>\frac{c_L-c_E-c_S}{e_E-e_L}$时，使用 SP 的供应链整体利润高于使用 LSFO 的供应链整体利润，由于供应链会提供更多的服务，因此，使用 SP 时的总排放量超过使用 LSFO 时的总排放量。可见，当补贴在适当范围内时，港航供应链使用 LSFO 减排可以实现港航企业利润最大化，同时也可以实现政府排放控制目标，即补贴在适当范围内时，政府与港航企业可以实现双赢。这一发现有助于监管者在排放控制目标下，根据岸电减排技术和低硫油减排技术差异性，制订合理的补贴政策。

3.6 数据仿真

本部分通过一些数据，进行模拟仿真分析，以更清楚地阐述上述引理和命题。基于对于中国深圳港口的调查，$a=200$，$b=3.5$，$c_E=2.8$，$c_t=3.6$，$c_S=0.6$，$e=5.4$，$e_E=4.2$，$e_L=4.9$，$c_L=1.6$。图 3-1 到图 3-4 展示了利润和排放量如何随补贴变化。

3.6.1 补贴对港口、船舶和供应链整体利润的影响

图 3-1 展示了不同权力结构下的供应链整体利润变化情况，与

命题3.4一致，集中决策下的供应链整体利润最大。从图3－1可以看出，供应链的总利润是θ的凹函数，如引理3.2所示。图3－2和图3－3展示了不同权力结构下港口和船舶利润变化情况。无论是港口还是船公司，他们总是在作为供应链的领导者时获得最高利润，而作为跟随者时获得的利润最低。从图上可以看出，与其他结构模型相比，集中决策下的供应链可以在更低的补贴下，采用SP技术。

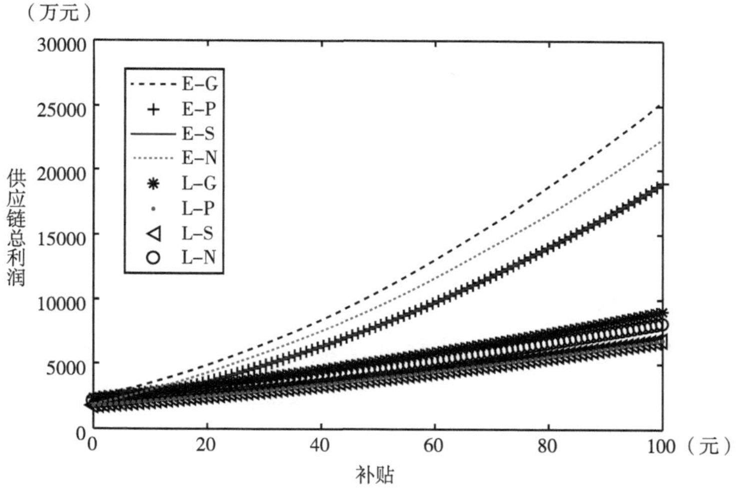

图3－1 政府补贴下的供应链总利润变化

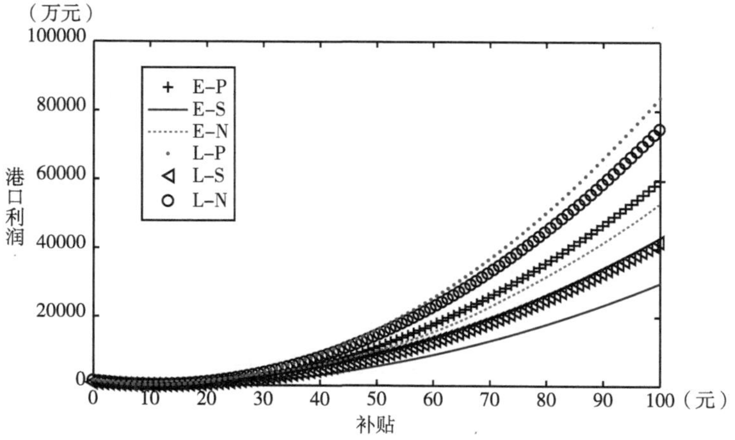

图3－2 政府补贴下的港口利润变化

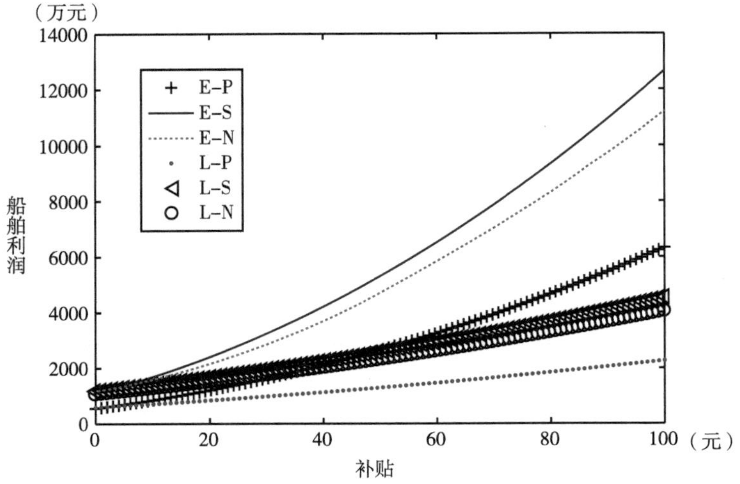

图 3 -3　政府补贴下的船舶利润变化

关于两种技术之间的比较，如图 3 -1 所示，从供应链总利润来看，当补贴较低时，补贴鼓励可以忽略不计，因此首选低成本的 LSFO 技术。而随着补贴的增加，SP 会逐渐超越 LSFO 技术，成为优选，与命题 3. 5 一致。

3. 6. 2　政府补贴对排放量的影响

图 3 -4 表明，补贴对集中决策下的排放量影响最大，其次是纳什博弈模型，最后是一方处于主导地位的情形，与命题 3. 6 一致。随着补贴的增加，集中决策下的供应链更倾向于降低价格，增加排放，其排放总量大于分散决策下供应链的排放量。分散决策下，双方处于同等地位的纳什博弈更关注整条供应链的需求，比一方处于主导地位更倾向于降低价格，扩大市场需求，增加排放，其排放量大于一方处于主导地位的排放量。

关于补贴下的技术选择问题，从图 3 -4 中可以看到，从排放控制的角度来看，低补贴下 SP 技术为优选，总排放量更少，而高补贴下 LSFO 技术为优选。当补贴较低时，补贴鼓励可以忽略不计，因此港航供应链首选低成本的 LSFO 技术，这时使用 LSFO 供应链总排放量大于使用 SP 的总排放量。而随着补贴的增加，SP 会逐渐超越 LSFO，成为企业优选。此时虽然使用 SP 的单位排放低，但供应链可能会提供更多服务，因此，使用 SP 的供应链总排放量大于使用 LSFO 的总排放量。

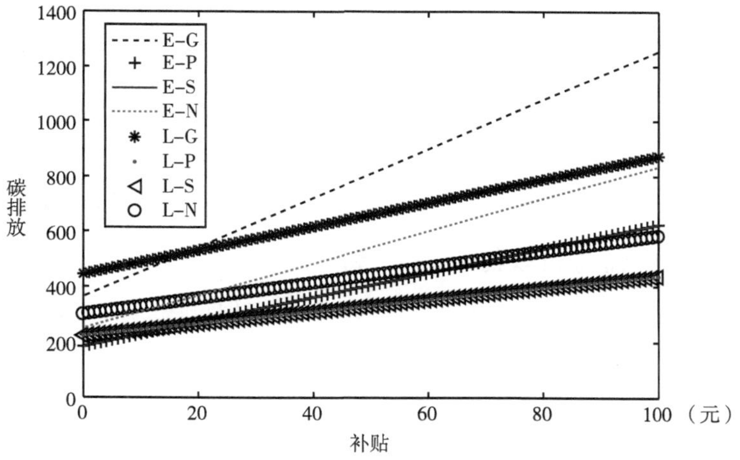

图 3-4　政府补贴下的碳排放量变化

根据研究结果，当政府对船舶补贴较少时，从利润最大化角度，船舶使用低硫油减排优于使用岸电减排。从上述深圳、广州、上海补贴政策可以看出，当前政府对船舶岸电改造的补贴相对较低，而在较低的补贴下，船舶更愿意采用低硫油减排。这是上述“我国具备受电设施的船舶数量少，船舶岸电使用意愿不高”的原因之一。

需要注意的是，政府补贴与港航供应链整体利润、总排放量成正向关系，即补贴的增加会导致港航企业利润增加，同时也会导致更多的排放，故关于港口区域减排的补贴政策，须慎重考虑。根据本书研究，加大补贴力度，港航企业确实更有动力使用 SP 技术，但当补贴增加到一定值时，港航企业可能由于较低的成本而提供更多的服务，导致总排放量要高于使用LSFO的总排放量，因此，政府监管部门应合理制订补贴政策，进行“适度补贴”。当补贴在适当范围内时，港航企业使用LSFO减排，这时，供应链的总排放量低于使用SP的总排放量，即此时可以实现港航企业利润最大化和政府排放控制的双赢目标。

岸电作为港航领域节能减排最具前景的新技术而备受关注，当前我国对港口岸电设施建设进行大力补贴，推广岸电使用，而在高补贴下，可能会导致总排放量的增加，这样不利于排放控制。因此，不能一味通过“高补贴”来推动船舶使用岸电减排，而是应该采用“适度补贴”，同时还要结合其他措施：一是搭建平台，加强企业交流，促进港航企业协同合作，根据研究结果，与其他结构模型相比，集中决策下的港航企业可以获得更多的利润，也就是说政府可以以更低的补贴来推动港航供应链采用SP技术，因此，促进港航企业协同合作，对推动港航企业减排尤为重要；二是加大政策执行力度，加强监管，督促港航企业采用减排技术降低排放；三是推进航运市场实施碳交易，我国已在深圳和上海等地试验航运市场碳交易，碳交易机制是将碳排放权赋予商品属性，在限定碳排放配额的基础上进行直接管制与经济激励的减排措施，有利于港口减排和绿色港口建设；四是提高港航营商环境，促进航运市场健康发展，确保排放控制下的港航企业利润。

3.7 本章小结

针对政府补贴下由一个港口和一家船公司组成的港航供应链，构建了集中决策和分散决策（船舶主导，港口主导，港口和船舶处于同等地位）情形下港航企业减排决策博弈模型，比较了不同情形下的价格、利润和排放量，分析供应链权力结构、运营成本和政府补贴对减排决策的影响，为绿色港口发展与管理提供理论支持。

在本章中，考虑的是由一个港口和一家船公司组成的两阶段供应链，而在现实实际中，港口供应链可能需要考虑多个船公司。另外，本章是在基于市场需求线性假设的基础上进行的研究，尽管该假设在相关文献中被广泛使用，但仍然可以考虑其他一些需求函数，如随机需求等。

"双碳"目标下的港口区域减排决策分析
Chapter 4

第四章 补贴与低碳偏好下的港口减排决策分析

全球港口航运网络是世界经济增长的重要动力。然而，频繁的航运活动带来了大量的 CO、SO_2、NO_x、颗粒物、CO_2 等污染物。港口业作为国际航运的重要组成部分，也产生了许多上述污染物，严重威胁着沿海居民的健康。作为一个在全球拥有众多港口的国家，中国政府已经意识到港口污染问题，并采取了严格的措施。2015 年 12 月，中华人民共和国交通部在珠三角、长三角和环渤海水域（北京、天津、河北）设立了生活污染物排放控制区。2018 年底，中国经济评估范围扩大到沿海地区和主要内河水域。2019 年 7 月，交通运输部起草的《船舶靠港使用岸电管理办法（征求意见稿）》要求，具备岸电受电设施的船舶，在沿海船舶大气污染物排放控制区内具备岸电供应能力的泊位停泊超过 3 小时，或者在内河船舶大气污染物排放控制区内具备岸电供应能力的泊位停泊超过 2 小时，且不使用有效替代措施的，应当使用岸电。

低硫油（LSFO）和岸电（SP）是目前港区船舶常用的减排技术。使用 SP 需要港口和船舶的共同努力和投资，港口建设岸侧设施来传输电力，船舶安装接收设施来接收电力。SP 设施的建设需要港口和船舶的大量初始投资，但 SP 可以有效地减少排放。Hall 提出，英国泊位船舶使用 SP 可减少氮氧化物排放 91.6%，减小碳排放量约 24.5%。低硫燃油是一种含硫量低的清洁能源，使用 LSFO 无须升级和增加设备，因此无须对港口和船舶进行初始投资。但低硫燃油价格昂贵，而且比 SP 产生更多的碳排放。

我国政府通过补贴推动港口和船舶使用 SP。交通运输部公布的统计数据显示，2016—2018 年，中央财政对沿海和内河港口和船舶建设 SP 提供补贴，三年内共安排 7.4 亿元用于支持 SP 的使用。此外，各地方政府也对 SP 的使用进行了补贴。例如，2015 年 3 月至 2019 年 12 月，我国深圳对 SP 的补贴总额为 7555.68 万元。在政府的支持下，我国超过 40% 的主要港口安装了 SP 基础设施，但目前 SP

改装船舶的普及率还不到1%，船舶使用SP的意愿较低。

与此同时，消费者的环保意识也越来越强，他们倾向于为低碳产品支付更高的价格。Wang和Zhao研究了消费者对产品具有低碳偏好的情况下制造商和零售商的碳减排行为和决策，发现消费者的低碳偏好在企业决策中起着重要作用。

补贴和消费者的低碳偏好对港口和船舶减排技术决策有什么影响？市场中港口与船舶的地位对港口和船舶排放技术选择有什么影响？为了比较SP和LSFO两种减排技术，针对由港口和船公司组成的单一港口供应链，利用博弈方法，建立了港口处于主导地位、船舶处于主导地位、港口与船舶处于同等地位三种情况下的博弈模型（港口主导的斯塔克尔伯格博弈、船舶主导的斯塔克尔伯格博弈和纳什博弈），并进行比较分析、敏感性分析和仿真分析。

4.1 文献回顾

供应链的碳排放引起了广泛关注，一些政府实施补贴政策来促进企业碳减排。在此背景下，补贴对供应链的影响以及相关的运营决策被学术界广泛研究。Yang和Nie研究了考虑技术溢出的补贴对促进创新的影响。结果表明，补贴促进了企业的创新，补贴越多排放越少，但补贴的环境效率随着补贴强度的增加而降低。Meng等比较了供应链中的三种创新补贴方式，结果表明政府会补贴核心制造商而不是一般制造商和上游供应商。Huang等研究了一个资金有限的绿色制造商的供应链，比较了制造补贴、绿色信贷和销售补贴三种模式，得到了双赢的补贴模式。GU等提出了由二次用户、电池（再）制造商和政府组成的两阶段电池再次使用闭环供应链模型。Wang等探讨了低碳电子商务闭环供应链中政府补贴和再制造商利他偏好对生产决策的影响。Chen 等利用随机优化方法分析了一种同时考虑投入和产出补贴的混合补贴机制。Mondal 和 Giri 设置了政府补贴下的两级绿色闭环供应链，探讨政府干预对最优结果的影响。Miao 等探讨了二级供应链中政府对制造商、零售商和消费者的补贴政策。Mu 等建立了考虑消费者绿色偏好的平台供应链模型，在平台供应链中，制造商实施绿色研发活动，第三方平台采用数据驱动营销（DDM）活动推广绿色产品。Liu 等针对由一个生产商、一个基于区块链的可追溯服务供应商和一个零售商组成的生鲜供应链，探讨政府的补贴策略。Li 等研究了政府绿色补贴下由港口和航线组成的两级海上供应链，他们提出，岸电可靠性受到托运人岸电偏好和所处决策期的影响，当托运人岸电偏好较高时，实际托运人补贴和政府补贴效率较低。Wang 等针对两个航运公司，建立了三种不同权力结构下的博弈模型，得到了均衡解。Sun 等探讨了邮轮供应链中补贴参与者对邮轮母港的影响，他们提出，补贴政策加速了邮轮供应链的整合，提高了邮轮母港之间的竞争。Li 和 Jiao 针对由制造商和船东组成的 LNG 船供应链，考虑政府补贴，建立模型，研究了定价、市场需求和供应链效益。然而，现有文献大多从产品供应链角度研究补贴政策，而本书从港口供应链角度研究补贴下的减排决策，在一定程度上丰富了相关研究。

在全球低碳经济背景下，消费者的低碳偏好也引起了学者们的广泛关注。在港航供应链中，客户的低碳偏好对港口减排也有积极作用，但当前相关研究还较少。在一般产品供应链的相关研究中，Yu 和 Hou 研究了消费者的低碳偏好如何影响市场需求。Su 等构建了消费者低碳偏好下，在绿色供应链中考虑不同补贴形式和不同权力结构的定价决策模型。Cheng 等研究了经济约束下考虑客户低碳偏好的闭环供应链的最优策略。Sana 提出了一种特定产品的市场容量不确定的双渠道库存模型。Chen 等研究了考虑消费者环境意识的供应链的最优补贴率和产量。Long 针对消费者低碳偏好下的三阶段制造业闭环供应链，构建政府补贴下的斯塔克尔伯格博弈模型。以上文献大多是从产品消费者的角度考虑绿色偏好，而没有考虑港口和航运领域客户群体的低碳偏好。

SP（岸电）和 LFSO（低硫燃油）是两种减少船舶排放的主要技术。Thalis 等探讨了岸电的潜力，强调了监管支持在其推广中的关键作用，并开发了一个定量框架来评估其可行性。另一项研究提出了一种估算港口环境收费的方法，旨在鼓励短途船舶采用岸电。Reusser 等通过实施双向电力流控制策略，优化了船舶停泊时辅助发动机的运行模式，评估了岸电的排放影响。Martínez – López 等使用计算方法评估了瑞士使用岸电和液化天然气（LNG）减少排放的效果。Piccoli 分析了在地中海地区普及岸电所需的监管、经济和环境因素。在另一项重要研究中，Bakar 等提出了一种数据驱动的船舶靠泊预测方法，应用了人工神经网络、决策树、随机森林、多重线性回归和极端梯度提升等模型来提高预测精度。关于低硫燃油，Panasiuk 等比较了在排放控制区（ECA）使用低硫燃油和洗涤器的优缺点。Xing 等进行了一项技术评审，识别出最有前途的替代海洋燃料，考虑了它们减少氮氧化物、二氧化碳和硫氧化物排放的潜力以及可持续性。

尽管关于岸电和低硫燃油的可行性、排放减少和成本效益的研究已相当广泛，但考虑补贴与低碳偏好、关于两种技术的经济和社会效益的相关分析还比较少。本书研究旨在丰富相关研究，为相关决策提供参考。

4.2 问题描述

在供应链中，船舶为客户提供服务并获得收益，同时向港口支付靠泊服务费用，因此客户的总服务价格包括了港口的收取的费用和船舶收取的费用。在碳交易体系中，政府先给港口分配碳排放配额，港口供应链可以选择使用 SP 或 LSFO 来减少碳排放。使用 SP，港口和船舶需要投入成本来安装 SP 设施，而使用 LSFO 只是增加了船舶的成本（见图 4-1）。考虑到靠泊船舶之间的需求相关性和竞争较弱，因此提出由单一港口和船舶组成的供应链来进行简单阐述。这种设定在一定程度上描述了现实，在现有文献中被广泛使用。当然，在未来的研究中也可以扩展到多个港口和多个船舶的情形。

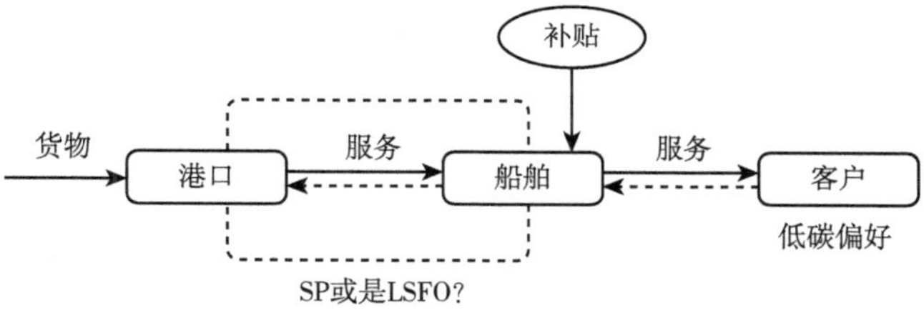

图 4-1　港口供应链的减排决策框架

4.3　模型建立

4.3.1　符号说明

相关参数和决策变量如表 4-1 所示。下标 i（E，L）表示采用的减排技术（岸电，低硫油），下标 j（$j=P$，S，N）是指博弈类型，S 代表港口主导的斯塔克尔伯格博弈，P 代表船舶主导的斯塔克尔伯格博弈，N 代表双方同等地位的纳什博弈。上标 k（$k=p$，s，sc）表示供应链中的成员（港口、船公司和整体供应链），面向客户的总服务价格 $p=m+w$。

表 4-1　　符号和定义

符号	定义
参数:	
a	市场规模，为常数，$a>0$
b	市场需求对价格的敏感系数（$b>0$）
q	货物需求量
c_t	船舶单位航海运输成本
c_S	采用岸电后船舶的单位服务成本
c_L	采用低硫油后船舶的单位服务成本
c_E	采用岸电后港口的单位服务成本
γ	客户群体低碳偏好系数
θ	每单位减排的政府补贴系数
e_i	船舶使用 i 技术的单位碳排放量
e	没减排前船舶的单位碳排放量
U_{i-j}^{k}	使用 i 技术在 j 博弈中 k 的利润
T_{i-j}	供应链使用 i 技术在 j 博弈中的排放量
sw_{i-j}	供应链使用 i 技术在 j 博弈中的社会福利
决策变量:	
w_{i-j}	使用 i 技术在 j 博弈中船舶运输每单位 TEU 的价格
m_{i-j}	使用 i 技术在 j 博弈中港口装卸每单位 TEU 的价格

4.3.2　基本假设

为了便于后续的建模和分析，做以下假设。

假设 4.1：$e_E<e_L$，$c_E+c_S>c_L$。

与 SP 比起来，使用 LSFO 会产生更多的排放，即：$e_E<e_L$。此

外，如果在没有政策干预的情况下，从供应链利润角度，船舶是不会自愿采用 SP 的，因此，假设 SP 的成本较高，即$c_E + c_S > c_L$。

假设 4.2：根据 Yang 等和 Qian 等，需求函数为

$$q = a - bp + \gamma(e - e_i) = a - b(m + w) + \gamma(e - e_i), a, b > 0$$

4.3.3　采用 SP 时的模型

在使用 SP 时，港口和船公司都要进行岸电改造，船舶靠港后用岸电代替燃油发电，模型如下。

港口利润函数为：

$$U_E^p = (m - c_E)q \tag{4-1}$$

船公司利润函数为：

$$U_E^s = (w - c_t - c_S)[a - b(m + w)] + q(e - e_E)\theta \tag{4-2}$$

供应链整体利润函数为：

$$U_E^{sc} = U_E^s + U_E^p \tag{4-3}$$

供应链的碳排放总量为：

$$T_E = qe_E \tag{4-4}$$

式（4－2）中，第 1 项为采用 SP 时船舶服务客户的收益，第 2 项为政府补贴。

4.3.4　采用 LSFO 时的模型

当供应链采用 LSFO 减排时，供应链的利润和总碳排放量函数如式（4－5）至式（4－8）所示。

港口利润函数为：

$$U_L^p = mq \tag{4-5}$$

船公司利润函数为：

$$U_L^s=(w-c_t-c_L)[a-b(m+w)]+q(e-e_L)\theta \tag{4-6}$$

供应链整体利润函数为：

$$U_L^{sc}=U_L^s+U_L^p \tag{4-7}$$

供应链的碳排放总量为：

$$T_L=qe_L \tag{4-8}$$

式（4-6）中，第1项为船舶的收益，第2项为政府补贴。

4.4 模型求解

在本节中，我们通过标准逆向归纳法得到上述模型的均衡解，并根据所得均衡结果进行对比分析、灵敏度分析。

4.4.1 采用SP时的模型求解

在港口供应链中，当采用SP时，通过标准逆向归纳得到式（4-1）至式（4-4）在三种不同权力结构下的均衡解。

（1）船舶主导的斯塔克尔伯格博弈中，港口的利润是$U_E^p=(m-c_E)q$。

由于$\frac{\partial^2 U_E^p}{\partial m^2}<0$，求解$\frac{\partial U_E^p}{\partial m}=0$，有$m^*=\frac{a+bc_E-bw+\gamma(e-e_E)}{2b}$。

将m^*代入式（4-2），并求解$\frac{\partial U_E^s}{\partial w}=0$，有：

$$w_{E-S}=\frac{a-bc_E+bc_S+bc_t+(\gamma-b\theta)(e-e_E)}{2b},$$

$$m_{E-S}=\frac{a+(\gamma+b\theta)(e-e_E)+b(3c_E-c_S-c_t)}{4b}$$

$$U_{E-S}^{p}=\frac{[a+\gamma(e-e_E)-b(c_E+c_S+c_t-e\theta+e_E\theta)]^2}{16b},$$

$$U_{E-S}^{s}=\frac{[a+\gamma(e-e_E)-b(c_E+c_S+c_t-e\theta+e_E\theta)]^2}{8b}$$

$$U_{E-S}^{sc}=\frac{[a+\gamma(e-e_E)-b(c_E+c_S+c_t-e\theta+e_E\theta)]^2}{16b},$$

$$T_{E-S}=\frac{1}{4}e_E[a+\gamma(e-e_E)-b(c_E+c_S+c_t-e\theta+e_E\theta)]$$

（2）在纳什博弈中，船公司的利润为 $U_E^s=(w-c_t-c_S)[a-b(m+w)]+q(e-e_E)\theta$。由于$\frac{\partial^2 U_E^s}{\partial w^2}<0$，求解$\frac{\partial U_E^s}{\partial w}=0$，从而有：

$$w^*=\frac{a+bc_s+bc_t-bm+(\gamma-b\theta)(e-e_E)}{2b} \tag{4-9}$$

港口的利润是$U_E^p=(m-c_E)q$。由于$\frac{\partial^2 U_E^p}{\partial m^2}<0$，求解$\frac{\partial U_E^p}{\partial m}=0$，从而有：

$$m^*=\frac{a+bc_E-bw+\gamma(e-e_E)}{2b} \tag{4-10}$$

现在同时求解式（4－9）和式（4－10），有：

$$m_{E-N}=\frac{a+\gamma(e-e_E)+b(2c_E-c_S-c_t+e\theta-e_E\theta)}{3b}$$

$$w_{E-N}=\frac{a+\gamma(e-e_E)-b(c_E-2c_S-2c_t+2e\theta-2e_E\theta)}{3b},$$

$$U_{E-N}^{p}=\frac{[a+\gamma(e-e_E)-b(c_E+c_S+c_t-e\theta+e_E\theta)]^2}{9b},$$

$$U_{E-N}^{s}=\frac{[a+\gamma(e-e_E)-b(c_E+c_S+c_t-e\theta+e_E\theta)]^2}{9b}$$

$$U_{E-N}^{sc}=\frac{2[a+\gamma(e-e_E)-b(c_E+c_S+c_t-e\theta+e_E\theta)]^2}{9b},$$

$$T_{E-N}=\frac{1}{3}e_E[a+\gamma(e-e_E)-b(c_E+c_S+c_t-e\theta+e_E\theta)]$$

（3）在港口主导的斯塔克尔伯格博弈中，船公司的利润是：$U_E^s=(w-c_t-c_S)[a-b(m+w)]+q(e-e_E)\theta$。由于$\frac{\partial^2 U_E^s}{\partial w^2}<0$，求解$\frac{\partial U_E^s}{\partial w}=0$，$w^*=\frac{a+bc_S+bc_t-bm+(\gamma-b\theta)(e-e_E)}{2b}$。将 w^* 代入式（4-2）中，并且求解$\frac{\partial U_E^p}{\partial m}=0$，从而有：

$$m_{E-P}=\frac{a+\gamma(e-e_E)+b(c_E-c_S-c_t+e\theta-e_E\theta)}{2b},$$

$$w_{E-P}=\frac{a+\gamma(e-e_E)-b(c_E-3c_S-3c_t+3e\theta-3e_E\theta)}{4b},$$

$$U_{E-P}^p=\frac{[a+\gamma(e-e_E)-b(c_E+c_S+c_t-e\theta+e_E\theta)]^2}{8b},$$

$$U_{E-P}^s=\frac{[a+\gamma(e-e_E)-b(c_E+c_S+c_t-e\theta+e_E\theta)]^2}{16b}$$

$$U_{E-P}^{sc}=\frac{3[a+\gamma(e-e_E)-b(c_E+c_S+c_t-e\theta+e_E\theta)]^2}{16b},$$

$$T_{E-P}=\frac{1}{4}e_E[a+\gamma(e-e_E)-b(c_E+c_S+c_t-e\theta+e_E\theta)]$$

4.4.2 采用 LSFO 时的模型求解

当供应链使用 LSFO 进行减排时，与使用 SP 的求解方法类似，同样我们可以采用标准逆向归纳求解式（4-5）至式（4-8）。由于求解过程相同，这里不再重复。供应链采用 LSFO 减排时的均衡解如表4-2 所示。

表 4－2　　供应链使用 LSFO 时的均衡解

情形	m_{L-j}	w_{L-j}	T_{L-j}
$j=S$	$\frac{a+(\gamma+b\theta)(e-e_L)-b(c_L+c_t)}{4b}$	$\frac{a+(\gamma-b\theta)(e-e_L)+b(c_L+c_t)}{2b}$	$\frac{e_L B}{4}$
$j=N$	$\frac{a+(\gamma+b\theta)(e-e_L)-b(c_L+c_t)}{3b}$	$\frac{a+(\gamma-2b\theta)(e-e_L)+2b(c_L+c_t)}{3b}$	$\frac{e_L B}{3}$
$j=P$	$\frac{a+(\gamma+b\theta)(e-e_L)-b(c_L+c_t)}{2b}$	$\frac{a+(\gamma-3b\theta)(e-e_L)+3b(c_L+c_t)}{4b}$	$\frac{e_L B}{4}$
情形	U^p_{L-j}	U^s_{L-j}	U^{sc}_{L-j}
$j=S$	$\frac{B^2}{16b}$	$\frac{B^2}{8b}$	$\frac{3B^2}{16b}$
$j=N$	$\frac{B^2}{9b}$	$\frac{B^2}{9b}$	$\frac{2B^2}{9b}$
$j=P$	$\frac{B^2}{8b}$	$\frac{B^2}{16b}$	$\frac{3B^2}{16b}$

其中 $B=a+\gamma(e-e_L)-b(c_L+c_t-e\theta+e_L\theta)$。

4.5 分　析

在本节中，通过对比分析和敏感性分析，得出不同参数对最优价格、利润和总排放量的影响，以帮助航运公司选择合适的减排技术，并为政府制订相关政策提供参考。

4.5.1 最优服务价格分析

求 m_{i-j}和 w_{i-j}关于不同参数的偏导数：

$$\frac{\partial m_{E-j}}{\partial c_E}>0,\ \frac{\partial m_{E-j}}{\partial \gamma}>0,\ \frac{\partial m_{E-j}}{\partial \theta}<0,\ \frac{\partial m_{E-j}}{\partial c_S}<0,\ \frac{\partial m_{E-j}}{\partial c_t}<0,$$

$$\frac{\partial w_{E-j}}{\partial c_E}<0,\ \frac{\partial w_{E-j}}{\partial \theta}<0,\ \frac{\partial w_{E-j}}{\partial \gamma}>0,\ \frac{\partial w_{E-j}}{\partial c_S}>0,\ \frac{\partial w_{E-j}}{\partial c_t}>0,\ \frac{\partial m_{L-j}}{\partial c_L}<0,$$

$$\frac{\partial m_{L-j}}{\partial \gamma}>0,\ \frac{\partial m_{L-j}}{\partial \theta}<0,\ \frac{\partial m_{L-j}}{\partial c_t}<0,\ \frac{\partial w_{L-j}}{\partial \theta}<0,\ \frac{\partial w_{L-j}}{\partial \gamma}>0,\ \frac{\partial w_{E-j}}{\partial c_t}>0。$$

因此，可得如下引理 4.1。

引理 4.1：在港口供应链中，当使用 SP 减排时，m_{E-j}随着 c_E和 γ 的增加而增加，但随着 c_S、c_t和 θ 的增加而降低。w_{E-j}随着 c_S、c_t和 γ 的增加而增加，但随着 c_E、θ 的增加而降低。当使用 LSFO 减排时，m_{L-j}随着 c_L和 γ 的增加而增加，但随着 c_t、θ 的增加而降低。w_{L-j}随着 c_t、c_L和 γ 的增加而增加，但随着 θ 的增加而降低。

很明显，港口和船舶的价格随着自身运营成本的增加而提高，供应链的总服务价格随着 γ 的增加而提高，随着 θ 的增加而降低。然而，当一方成本增加时，供应链的双方都可能降低价格以获得更多的利润。

比较不同权力结构下的价格，有：

$$m_{E-P}-m_{E-N}=\frac{a+(\gamma+b\theta)(e-e_E)-b(c_E+c_S+c_t)}{6b},$$

$$m_{E-S}-m_{E-N}=-\frac{a+(\gamma+b\theta)(e-e_E)-b(c_E+c_S+c_t)}{12b},$$

$$m_{E-P}-m_{E-S}=\frac{a+(\gamma+b\theta)(e-e_E)-b(c_E+c_S+c_t)}{4b},$$

$$w_{E-P}-w_{E-N}=-\frac{a+(\gamma+b\theta)(e-e_E)-b(c_E+c_S+c_t)}{12b},$$

$$w_{E-P}-w_{E-S}=-\frac{a+(\gamma+b\theta)(e-e_E)-b(c_E+c_S+c_t)}{4b},$$

$$w_{E-S}-w_{E-N}=\frac{a+(\gamma+b\theta)(e-e_E)-b(c_E+c_S+c_t)}{6b}。$$

$$m_{L-P}-m_{L-N}=\frac{a+(\gamma+b\theta)(e-e_L)-b(c_L+c_t)}{6b},$$

$$m_{L-S}-m_{L-N}=-\frac{a+(\gamma+b\theta)(e-e_L)-b(c_L+c_t)}{12b}$$

$$m_{L-P}-m_{L-S}=\frac{a+(\gamma+b\theta)(e-e_L)-b(c_L+c_t)}{4b},$$

$$w_{L-P}-w_{L-N}=-\frac{a+(\gamma+b\theta)(e-e_L)-b(c_L+c_t)}{12b}$$

$$w_{L-P}-w_{L-S}=-\frac{a+(\gamma+b\theta)(e-e_L)-b(c_L+c_t)}{4b},$$

$$w_{L-S}-w_{L-N}=\frac{a+(\gamma+b\theta)(e-e_L)-b(c_L+c_t)}{6b}$$

由于 $q>0$, θ 必须满足 $\theta>\frac{b(c_E+c_S+c_t)-a}{b(e-e_E)}-\frac{\gamma}{b}$，$\theta>\frac{b(c_L+c_t)-a}{b(e-e_L)}-\frac{\gamma}{b}$，因此有：$m_{i-P}>m_{i-N}>m_{i-S}$，$w_{i-P}<w_{i-N}<w_{i-S}$。

从而，得命题 4.1。

命题 4.1：最优价格满足 $m_{i-P}>m_{i-N}>m_{i-S}$，$w_{i-P}<w_{i-N}<w_{i-S}$。

引理4.1 和命题4.1 表明，在三种权力结构下，补贴和消费者的低碳偏好对需求的影响在其定价中总是被领导者所考虑。因此，纳什博弈的最优价格低于一方处于主导地位的斯塔克尔伯格博弈的最优价格。

4.5.2 利润分析

求 U_{i-P}^{sc}、U_{i-P}^{sc}和 U_{i-N}^{sc}关于不同参数的偏导数。

（1）当 $j=P$ 时，$\frac{\partial^2 U_{i-P}^{sc}}{\partial^2 c_i}=\frac{3b}{8}>0$，$\frac{\partial^2 U_{i-P}^{sc}}{\partial^2 c_t}=\frac{\partial^2 U_{i-P}^{sc}}{\partial^2 c_s}=\frac{3b}{8}>0$，$\frac{\partial^2 U_{i-P}^{sc}}{\partial^2 c_i}=\frac{3be_i^2}{8}>0$，$\frac{\partial^2 U_{i-P}^{sc}}{\partial^2 \theta}=\frac{3b(e_i-e)^2}{8}>0$，$\frac{\partial^2 U_{i-P}^{sc}}{\partial^2 \gamma}=\frac{3(e_i-e)^2}{8}>0$，$\frac{\partial^2 U_{i-P}^{sc}}{\partial^2 e_i}=\frac{3b\,\theta^2}{8}>0$。

（2）当 $j=S$ 时，$\frac{\partial^2 U_{i-S}^{sc}}{\partial^2 c_i}=\frac{3b}{8}>0$，$\frac{\partial^2 U_{i-S}^{sc}}{\partial^2 c_t}=\frac{\partial^2 U_{i-S}^{sc}}{\partial^2 c_s}=\frac{3b}{8}>0$，$\frac{\partial^2 U_{i-S}^{sc}}{\partial^2 c_i}=\frac{3be_i^2}{8}>0$，$\frac{\partial^2 U_{i-P}^{sc}}{\partial^2 \theta}=\frac{3b(e_i-e)^2}{8}>0$，$\frac{\partial^2 U_{i-P}^{sc}}{\partial^2 \gamma}=\frac{3(e_i-e)^2}{8}>0$，$\frac{\partial^2 U_{i-S}^{sc}}{\partial^2 e_i}=\frac{3b\,\theta^2}{8}>0$。

（3）当 $j=N$ 时，$\frac{\partial^2 U_{i-N}^{sc}}{\partial^2 c_i}=\frac{4b}{9}>0$，$\frac{\partial^2 U_{i-N}^{sc}}{\partial^2 c_t}=\frac{\partial^2 U_{i-N}^{sc}}{\partial^2 c_s}=\frac{4b}{9}>0$，$\frac{\partial^2 U_{i-N}^{sc}}{\partial^2 c_i}=\frac{4be_i^2}{9}>0$，$\frac{\partial^2 U_{i-P}^{sc}}{\partial^2 \theta}=\frac{4b(e_i-e)^2}{9}>0$，$\frac{\partial^2 U_{i-P}^{sc}}{\partial^2 \gamma}=\frac{4\,(e_i-e)^2}{9}>0$，$\frac{\partial^2 U_{i-N}^{sc}}{\partial^2 e_i}=\frac{4b\,\theta^2}{9}>0$。

从而可得引理 4.2。

引理 4.2： U_{i-j}^{sc}是关于 c_i、c_t、θ、γ 和 e_i的凹函数；另外，U_{E-j}^{sc}也是关于 c_s的凹函数。

当补贴很低时，供应链首先受到高成本的影响。随着补贴的增加，供应链的总成本和服务价格下降，从而市场需求增加，因此供应链的整体利润也快速增加。当客户的低碳偏好较低时，由于供应链的服务价格较高，市场需求也较低。然而，随着客户低碳偏好的增加，市场需求增加，供应链的整体利润增加。

比较不同权力结构下的港口利润，可得：

$$U_{E-P}^{p}-U_{E-S}^{p}=\frac{[a+\gamma e-\gamma e_{E}-b(c_{E}+c_{S}+c_{t}-e\theta+e_{E}\theta)]^{2}}{16b}\geqslant 0$$

$$U_{E-P}^{p}-U_{E-N}^{p}=\frac{[a+\gamma e-\gamma e_{E}-b(c_{E}+c_{S}+c_{t}-e\theta+e_{E}\theta)]^{2}}{72b}\geqslant 0$$

$$U_{E-S}^{p}-U_{E-N}^{p}=-\frac{[a+\gamma e-\gamma e_{E}-b(c_{E}+c_{S}+c_{t}-e\theta+e_{E}\theta)]^{2}}{144b}\leqslant 0$$

$$U_{L-P}^{p}-U_{L-S}^{p}=\frac{[a+\gamma e-\gamma e_{L}-b(c_{L}+c_{t}-e\theta+e_{L}\theta)]^{2}}{16b}\geqslant 0$$

$$U_{L-P}^{p}-U_{L-N}^{p}=\frac{[a+\gamma e-\gamma e_{L}-b(c_{L}+c_{t}-e\theta+e_{L}\theta)]^{2}}{72b}\geqslant 0$$

$$U_{L-S}^{p}-U_{L-N}^{p}=-\frac{[a+\gamma e-\gamma e_{L}-b(c_{L}+c_{t}-e\theta+e_{L}\theta)]^{2}}{144b}\leqslant 0$$

比较不同权力结构下的船舶利润，可得：

$$U_{E-P}^{s}-U_{E-S}^{s}=-\frac{[a+\gamma e-\gamma e_{E}-b(c_{E}+c_{S}+c_{t}-e\theta+e_{E}\theta)]^{2}}{16b}\leqslant 0$$

$$U_{E-P}^{s}-U_{E-N}^{s}=-\frac{[a+\gamma e-\gamma e_{E}-b(c_{E}+c_{S}+c_{t}-e\theta+e_{E}\theta)]^{2}}{72b}\leqslant 0$$

$$U_{E-S}^{s}-U_{E-N}^{s}=\frac{[a+\gamma e-\gamma e_{E}-b(c_{E}+c_{S}+c_{t}-e\theta+e_{E}\theta)]^{2}}{144b}\geqslant 0$$

$$U_{L-P}^{s}-U_{L-S}^{s}=-\frac{[a+\gamma e-\gamma e_{L}-b(c_{L}+c_{t}-e\theta+e_{L}\theta)]^{2}}{16b}\leqslant 0$$

$$U_{L-P}^{s}-U_{L-N}^{s}=-\frac{[a+\gamma e-\gamma e_{L}-b(c_{L}+c_{t}-e\theta+e_{L}\theta)]^{2}}{72b}\leqslant 0$$

$$U_{L-S}^{s}-U_{L-N}^{s}=\frac{[a+\gamma e-\gamma e_{L}-b(c_{L}+c_{t}-e\theta+e_{L}\theta)]^{2}}{144b}\geqslant 0$$

比较不同权力结构下的供应链总利润，可得：

$$U_{E-P}^{sc}-U_{E-S}^{sc}=0$$

$$U_{E-P}^{sc}-U_{E-N}^{sc}=\frac{[a+\gamma e-\gamma e_E-b(c_E+c_S+c_t-e\theta+e_E\theta)]^2}{72b}\geqslant 0$$

$$U_{L-P}^{sc}-U_{L-S}^{sc}=0$$

$$U_{L-P}^{sc}-U_{L-N}^{sc}=\frac{[a+\gamma e-\gamma e_L-b(c_L+c_t-e\theta+e_L\theta)]^2}{72b}\geqslant 0$$

因此有：$U_{i-P}^{p}\geqslant U_{i-N}^{p}\geqslant U_{i-S}^{p}$，$U_{i-P}^{s}\leqslant U_{i-N}^{s}\leqslant U_{i-S}^{s}$，$U_{i-N}^{sc}\geqslant U_{i-P}^{sc}=U_{i-S}^{sc}$。从而我们可以得到命题4.2。

命题4.2：港口供应链中的利润满足如下关系：

$$U_{i-P}^{p}\geqslant U_{i-N}^{p}\geqslant U_{i-S}^{p},U_{i-P}^{s}\leqslant U_{i-N}^{s}\leqslant U_{i-S}^{s},U_{i-N}^{sc}\geqslant U_{i-P}^{sc}=U_{i-S}^{sc}$$

命题4.2表明，在港口供应链中，无论是港口还是船舶，在博弈中作为领导者总是比作为追随者获得更多的利润。纳什博弈中供应链的利润最高，而其他两种斯塔克尔伯格博弈的利润相同。因此，如果管理部门更关心的是供应链的整体利润，那么就应该鼓励港口和船舶之间处于平等的关系。

比较两种技术下的船舶、港口与供应链利润：

$$U_{E-j}^{s}-U_{L-j}^{s}=\beta[2a+\gamma(e-e_E)+\gamma(e-e_L)-b(c_E+c_L+c_S+2c_t+e_L\theta+e_E\theta)](c_L-c_E-c_S+\theta e_L-\theta e_E)$$

$$U_{E-j}^{p}-U_{L-j}^{p}=\delta[2a+\gamma(e-e_E)+\gamma(e-e_L)-b(c_E+c_L+c_s+2c_t+e_L\theta+e_E\theta)](c_L-c_E-c_S+\theta e_L-\theta e_E)$$

$$U_{E-j}^{sc}-U_{L-j}^{sc}=\varphi[2a+\gamma(e-e_E)+\gamma(e-e_L)-b(c_E+c_L+c_s+2c_t+e_L\theta+e_E\theta)](c_L-c_E-c_S+\theta e_L-\theta e_E)$$

其中β、δ、φ是常数。

可得如下所示命题4.3。

命题4.3：港口供应链的利润满足如下关系：

假如$\theta+\frac{\gamma}{b}>\frac{c_L-c_E-c_S}{e_E-e_L}$，那么$U_{E-j}^{p}>U_{L-j}^{p}$，$U_{E-j}^{s}>U_{L-j}^{s}$，$U_{E-j}^{sc}>U_{L-j}^{sc}$；否则，$U_{E-j}^{p}\leqslant U_{L-j}^{p}$，$U_{E-j}^{s}\leqslant U_{L-j}^{s}$，$U_{E-j}^{sc}\leqslant U_{L-j}^{sc}$。

命题4.3表明，当补贴较低时，从利润的角度来看，LSFO具有总体成本较低的优势。当补贴较高时，SP的低排放优势逐渐显现，SP将取代LSFO成为首选。客户的低碳偏好有助于促进港口和船舶减少排放，当客户的低碳偏好较高时，政府可以用较低的补贴鼓励船舶减少排放。因此，政府应该积极宣传环境保护，提高民众环保意识，培养消费者的低碳意识。

4.5.3　碳排放量分析

求 T_{i-j}关于不同参数的偏导数，可得：

（1）当$j=P$，S时，$\frac{\partial T_{i-j}}{\partial c_i}=-\frac{b}{4}e_i<0$，$\frac{\partial T_{i-j}}{\partial c_t}=\frac{\partial T_{i-j}}{\partial c_s}=-\frac{b}{4}e_i<0$，$\frac{\partial T_{i-j}}{\partial \theta}=-\frac{b}{4}e_i^2<0$，$\frac{\partial^2 T_{i-j}}{\partial^2 e_i}=-2b\theta<0$。

（2）当$j=N$时，$\frac{\partial T_{i-N}}{\partial c_i}=-\frac{b}{3}e_i<0$，$\frac{\partial T_{i-N}}{\partial c_t}=\frac{\partial T_{i-N}}{\partial c_s}=-\frac{b}{3}e_i<0$，$\frac{\partial T_{i-N}}{\partial \theta}=-\frac{b}{3}e_i^2<0$，$\frac{\partial^2 T_{i-N}}{\partial^2 e_i}=-2b\theta<0$。

因此，可得如下所示的引理4.3。

引理4.3：T_{E-j}随着θ、γ的增加而增加，随着c_s、c_t、e_L、c_L的增加而减少。T_{L-j}随着θ、γ的增加而增加，但随着c_t、e_L、c_L的增加而减少。

当运营成本增加时，供应链的服务价格也会增加，导致市场需求下降，因此供应链的碳排放量减少。当补贴增加时，供应链的成本降低，从而服务价格下降，市场需求扩大，因此港口供应链的整体碳排放量增加。当消费者的低碳偏好增加时，市场需求增加，供应链的总碳排放量增加。

比较三种权力结构下的碳排放：

$$T_{i-P} - T_{i-S} = 0,$$

$$T_{L-P} - T_{L-N} = -\frac{e_L}{12}[a + \gamma(e - e_E) - b(c_E + c_t + c_S + e_E\theta - e\theta)]$$

$$T_{E-P} - T_{E-N} = -\frac{e_E}{12}[a + \gamma(e - e_L) - b(c_L + c_t + e_L\theta - e\theta)]$$

由于 $q>0$，θ 必须满足 $\theta > \frac{b(c_E + c_S + c_t) - a}{b(e - e_E)} - \frac{\gamma}{b}$，$\theta > \frac{b(c_L + c_t) - a}{b(e - e_L)} - \frac{\gamma}{b}$，因此有 $T_{i-P} = T_{i-S} < T_{i-N}$，从而可以得到命题4.4。

命题4.4：港口供应链的碳排放满足：$T_{i-P} = T_{i-S} \leqslant T_{i-N}$。

命题4.4表明，当港口和船舶处于相对平等的关系时，港口和船舶都倾向于以较低的价格来吸引更多的客户和扩大市场，但是因此会产生更多的碳排放。而在斯塔克尔伯格博弈中，领导者总是有限制其他人提供服务的动机，从而导致排放的减少。值得注意的是，命题4.4表明纳什博弈中的供应链总利润最高，但当碳排放是管理部门关注的问题时，斯塔克尔伯格博弈则更受青睐。

比较两种技术下的碳排放：

$$T_{E-j} - T_{L-j} = \frac{e_E[a + \gamma(e - e_E) - b(c_E + c_t + c_S + e_E\theta - e\theta)] - e_L[a + \gamma(e - e_L) - b(c_L + c_t + e_L\theta - e\theta)]}{4}。$$

因此，假如 $\theta + \frac{\gamma}{b} < \tau$，那么 $T_{E-j} < T_{L-j}$；否则 $T_{E-j} \geqslant T_{L-j}$。

其中 $\tau = \frac{ae_L - ae_E + bc_Le - bc_Ee - bc_Se + bc_Ee_E + bc_Se_E + bc_te_E - bc_Le_L - bc_te_L}{b(e_E - e_L)(e - e_E - e_L)}$

因此，可以得到命题4.5。

命题4.5：不同碳减排技术下，碳排放总量满足：

假如 $\theta + \frac{r}{b} < \tau$，那么 $T_{E-j} < T_{L-j}$；否则 $T_{E-j} \geqslant T_{L-j}$。

其中 $\tau = \frac{bc_Le - bc_Ee - bc_Se - ae_E + bc_Ee_E + bc_Se_E + bc_te_E + ae_L - bc_Le_L - bc_te_L}{b(e_E - e_L)(e - e_E - e_L)}$。

在港口供应链中，假如 e 满足 $e_E < e < e_E + e_L$，那么 $\frac{c_L - c_E - c_S}{e_E - e_L} < \tau$。这时，当 $\theta + \frac{\gamma}{b} < \frac{c_L - c_E - c_S}{e_E - e_L}$时，由命题4.3可知，LSFO以总体成本较低的优势成为首选，但根据命题4.5，使用LSFO比使用SP产生更多的排放。当 $\frac{c_L - c_E - c_S}{e_E - e_L} < \theta + \frac{\gamma}{b} < \tau$ 时，结合命题4.3和命题4.5，从利润角度考虑，SP是首选，且SP的总排放量低于LSFO。然而，随着补贴和消费者低碳偏好增加到一定程度 $\theta + \frac{\gamma}{b} > \tau$，即使SP的单位排放量较低，由于供应链可能倾向于提供更多的服务，采用SP的总排放量也会超过采用LSFO。因此当补贴非常高时，供应链使用SP的利润高于使用LSFO，但采用SP的总排放量也高于采用LSFO。因此，当补贴与消费者低碳偏好在适当范围内时 $\frac{c_L - c_E - c_S}{e_E - e_L} < \theta + \frac{\gamma}{b} < \tau$，无论是从利润角度还是从排放控制角度来看，SP都比LSFO更受青睐，政府和企业都可以实现双赢。

假如 e 满足 $e > e_E + e_L$，那么 $\frac{c_L - c_E - c_S}{e_E - e_L} > \tau$。这时，当 $\theta + \frac{\gamma}{b} < \tau$ 时，根据命题4.3和命题4.5，从低成本的角度考虑，使用LSFO是首选，但这会导致比使用SP产生更多的排放。当 $\tau < \theta + \frac{\gamma}{b} < \frac{c_L - c_E - c_S}{e_E - e_L}$ 时，使用LSFO仍然是首选，并且比使用SP产生更少的排放。当 $\frac{c_L - c_E - c_S}{e_E - e_L} < \theta + \frac{\gamma}{b}$时，从利润最大化角度来看，使用SP是首选，但由于供应链可能倾向于提供更多的服务，从而供应链的排放比使用LSFO时更多。因此，当补贴与消费者的低碳偏好处于适当的范围内时 $\tau < \theta + \frac{\gamma}{b} < \frac{c_L - c_E - c_S}{e_E - e_L}$，无论从利润的角度还是从排放控制

的角度来看，LSFO 都优于 SP。此时，政府和企业可以实现双赢。这些发现可以为管理部门根据技术差异制订合理的补贴政策提供理论参考。

4.6 数值算例分析

在本节中，给出一些数值算例来阐述上述所得引理和命题。模型中相关参数如下：$a = 200$，$b = 3.5$，$c_E = 2.8$，$c_t = 3.6$，$c_s = 0.6$，$c_L = 1.6$，$e = 5.4$，$e_E = 4.2$，$e_L = 4.9$。

4.6.1 补贴和消费者低碳偏好对利润的影响

三种权力结构下的港口利润如图 4-2 所示，图 4-3 为船公司利润的变化情况。与命题 4.3 一致，无论是港口还是船舶，作为博弈中的领导者总是比作为跟随者能获得更多的利润。显然，在纳什博弈中，供应链的利润是最高的，如图 4-4 所示。

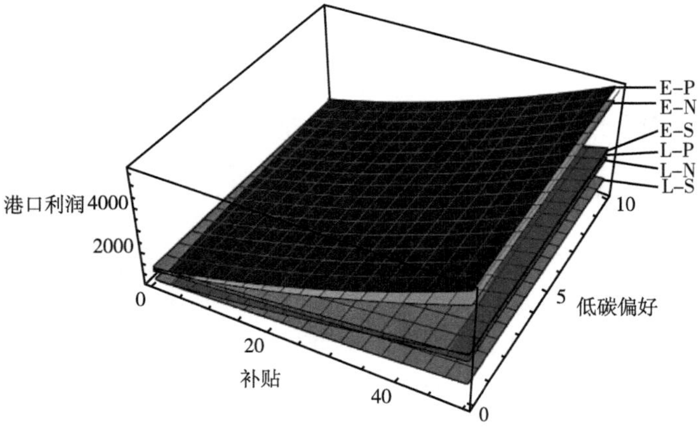

图 4-2 港口利润

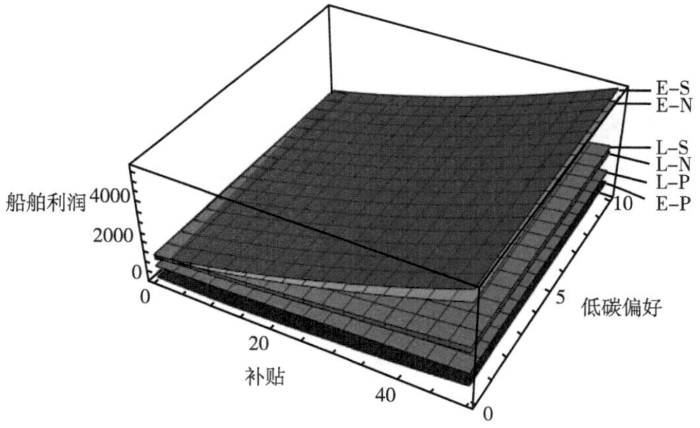

图 4－3　船舶利润

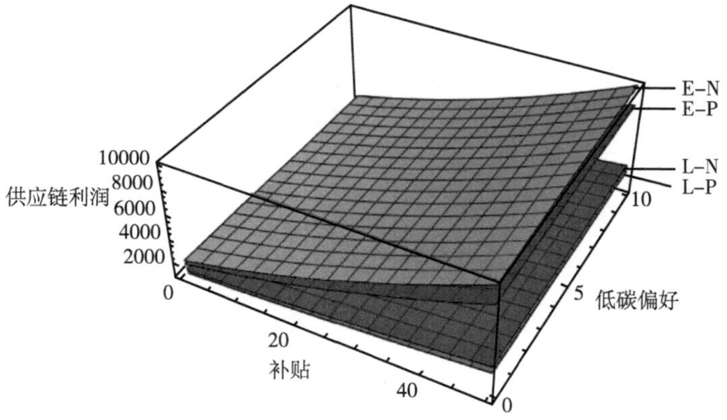

图 4－4　供应链利润

在港口供应链中，比较两种技术下的利润是复杂的。当补贴和客户低碳偏好非常低时，排放成本较高。随着补贴和低碳偏好的增加，SP 由于其减排优势，比 LSFO 更受青睐。因此，高补贴和消费者的低碳偏好有助于推动 SP 的使用。

4.6.2　补贴和低碳偏好对碳排放的影响

如图 4－5 所示，当 e 满足 $e_L < e < e_E + e_L$时，纳什博弈下的碳排

放量最高，如命题 4.4 所示。当补贴和客户的低碳偏好都很低时，港口供应链在各权力结构中提供的服务都下降到较低的水平，三种权力结构的排放也趋于接近。随着补贴和低碳偏好的增加，使用 LSFO 的碳排放量高于使用 SP，但当补贴增加到一定阈值时，使用 SP 的碳排放量超过使用 LSFO 的碳排放量。

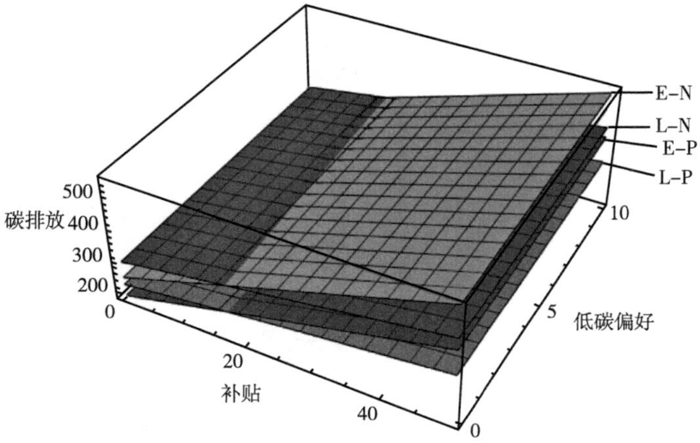

图 4-5　总碳排放量

4.7　管理启示

4.7.1　港口和船舶减排技术决策

根据命题 4.1 和命题 4.2，在港口供应链中，无论是港口还是船舶，在博弈中作为领导者总是比作为追随者获得更多的利润；而在纳什博弈中供应链的利润是最高的。在实践中，港口由于自身的资源优势，往往在供应链中扮演领导者的角色，从而获得了更多的利益。航运企业要想在供应链中获得更多的利润，就必须在供应链中占据主导地位。因此，航运公司会通过联盟来获得更多的话语权，例如世界三大船舶联盟2M、THE、OCEAN，从而获得更多的利润。

命题4.3表明，当补贴较低时，从利润的角度来看，LSFO是首选；否则，SP是更好的选择。因此，当政府补贴和客户的低碳偏好较低时，对于港口和船舶，LSFO优先于SP；否则，供应链应该选择SP来减少排放。

4.7.2　政府补贴政策与管理措施

根据命题4.3，当补贴较低时，从利润的角度来看，对于供应链，使用LSFO比使用SP更好。虽然我国政府通过补贴政策推动了SP的发展，但由于SP的初始投资较高，目前政府的补贴相对较低，船舶更倾向于使用LSFO，这也是我国船舶在政府补贴政策下使用SP的意愿较低的原因之一。

根据命题4.4，纳什博弈中港口供应链的碳排放量高于斯塔克尔伯格博弈中的碳排放量。同时，命题4.3表明纳什博弈中供应链的总利润最高。因此，如果管理部门关心的是控制排放，那么鼓励一方占据主导地位的结构将是更好的选择。但如果管理部门关心的是利润最大化，那么支持双方处理平等地位的权力结构则是更好的选择。消费者的低碳偏好可以促进供应链选择更清洁的减排技术，从而减少排放，因此管理部门应积极宣传环保，培养消费者的低碳意识。

由引理4.2可知，政府补贴与港口供应链总排放量呈正相关，补贴的增加将导致更多的排放。因此，港口区域减排的政府补贴政策应慎重考虑。

根据命题4.5，当补贴在适当的范围内时，政府和港航企业可以实现双赢。因此，政府对供应链的补贴要适度，不能过高也不能过低。目前我国的SP和LSFO的排放量满足 $e_L < e < e_E + e_L$。因此，对

于我国政府来说，在的适当范围内$\left(\frac{c_L - c_E - c_S}{e_E - e_L} - \frac{\gamma}{b} < \theta < \tau - \frac{\gamma}{b}\right)$进行补贴是更好的选择。在这种情况下，港口供应链选择使用 SP 减排，此时的总排放量低于采用 LSFO 的排放量。

4.8 本章小结

本章讨论了三种权力结构下考虑政府补贴和客户低碳偏好的由一个港口与一艘船舶组成的供应链的决策机制，并得到一些重要的结果。

在港口供应链中，无论是港口还是船舶，在博弈中作为领导者总是比作为跟随者获得更多的利润。纳什博弈中供应链的利润高于一方主导的斯塔克尔伯格博弈中的利润。因此，从供应链整体利润最大化角度来看，港口与船舶处于平等关系是更好的选择。当港口和船公司处于相对平等的关系时，他们往往会以较低的价格吸引更多的客户来扩大市场，从而产生更多的排放。而在斯塔克尔伯格博弈中，领导者总是有限制其他人提供服务的动机，从而导致排放减少。因此，从排放控制的角度来看，港口或船舶一方处于主导关系是更好的选择。

SP 是比 LSFO 更昂贵但却更有效的减排技术。当补贴和消费者的低碳偏好较低时，从利润最大化角度来看，具备低成本优势的 LSFO 是供应链的首选。当补贴和消费者的低碳偏好较高时，SP 则是更好的选择。

当 e 满足 $e_E < e < e_E + e_L$的情形时，补贴与客户的低碳偏好在适当范围内$\left(\frac{c_L - c_E - c_S}{e_E - e_L} < \theta + \frac{\gamma}{b} < \tau\right)$时，使用 SP 减排是供应链利润最大化的最优决策，同时，采用 SP 产生的总排放量比使用 LSFO 少。也就是说，当补贴在的适当范围内$\left(\frac{c_L - c_E - c_S}{e_E - e_L} < \theta + \frac{\gamma}{b} < \tau\right)$，政府和

港航企业可以实现双赢。

当 e 满足 $e > e_E + e_L$ 的情形时，补贴和客户低碳偏好在适当范围内 $\left(\tau < \theta + \frac{\gamma}{b} < \frac{c_L - c_E - c_S}{e_E - e_L}\right)$ 时，采用 LSFO 是供应链实现利润最大化的最优决策，同时，采用 LSFO 产生的总排放量比使用 SP 要少。也就是说，当补贴在适当范围内 $\left(\frac{c_L - c_E - c_S}{e_E - e_L} < \theta + \frac{\gamma}{b} < \tau\right)$ 时，政府和港航企业可以实现双赢。所得研究结果为港口和航运企业选择合适的减排技术提供了指导，也为政府制订政策和管理措施提供了参考。

在实践中，港航企业的减排决策受到多种因素的影响，影响因素主要还包括港口资源、船舶特点、港口之间的竞争关系、船舶之间的竞争关系以及市场需求的不确定性等，港口和航运企业的减排技术选择更为复杂。因此，一个更符合实际的考虑多港口、多航运公司、随机航运市场需求的供应链是未来的研究方向。此外，还可以考虑不同的补贴方式，如港口补贴和船舶补贴等。

“双碳”目标下的港口
区域减排决策分析
Chapter 5

第五章 碳交易与低碳偏好下的港口减排决策分析

企业的减排行为通常受到供应链外部因素和企业内部自身因素的影响，供应链的外部因素主要包括碳政策和消费者的低碳偏好，碳税和碳交易是政府管制企业减少碳排放的两种常用手段。在碳交易制度下，政府首先将碳排放配额分配给企业，企业可以在碳交易市场上以一定的碳价格进行碳配额交易。碳交易制度由于其监管的弹性而得到了广泛的实施。2005 年，欧盟启动了碳排放权交易系统（EU ETS）。在 2023 年 6 月 5 日，将航运业纳入 EU ETS 的欧盟立法法规正式生效。2024 年 1 月 1 日开始，航运业正式纳入欧盟碳交易系统（EU ETS）之中。

我国的国家碳排放交易体系于 2021 年启动，新的排放交易体系包含总量管制和交易的要素，覆盖了人口超过 2. 58 亿地区的 2600 多家公司。《全国碳市场发展报告（2024）》显示，中国碳排放权交易市场启动三年以来，总体运行平稳，已成为全球覆盖温室气体排放量最大的碳市场，表明了中国在全球污染治理中至关重要。

此外，消费者的环保意识日益增强，愿意为低碳产品支付更高的价格。Wang 和 Zhao 研究了消费者对产品具有低碳偏好情况下制造商和零售商的碳减排行为，发现消费者的低碳偏好对供应链决策具有显著的影响。

在港口供应链中，作为上游成员，港口为船舶提供靠泊服务，船舶为客户提供运输等服务。在碳交易下，监管机构以供应链利润最大化和碳排放最小化为目标，为港口分配合理的碳排放配额。而这两个目标不可避免地会相互冲突，因此根据 Krass 等的研究，引入了“环境关注”参数来衡量社会对供应链排放的环境关注度。

在上述目标下，研究碳交易和消费者低碳偏好对减排技术（岸电和低硫油）决策的影响因素。考虑建立三种情况下的博弈模型：一是港口作为领导者，拥有主导权，即港口领导的斯塔克尔伯格博弈（PS）；二是船公司由于能够整合物流服务，成为领导者，即船舶领导的斯塔克尔伯格博弈（SS）；三是港口和船舶处于平等地位的纳什博弈。

5.1 文献回顾

供应链的排放问题引起了广泛关注，因此，许多国家政府在实践中实施了碳交易制度，以促进企业减排。在此背景下，碳交易制度对供应链的影响以及相关的运营决策成为学术界的热门话题。Xu 等指出供应链上的企业可以通过合作来减少碳排放。Yang 等研究了碳交易制度下的再制造闭环供应链，Ebrahimi 等提出了碳交易制度下可持续供应链的双重可持续性努力。Wang 等研究了排放交易对供应链绩效、社会福利和制造商减排投资的影响。Xue 等研究了碳交易制度下由一个制造商和一个零售商组成的具有消费者低碳偏好的两条竞争性供应链，并从水平和垂直两个方向上考虑供应链的整合和竞争，建立了四种不同的供应链结构模型，Yang 等侧重于均衡分析，深入挖掘了碳交易、联合减排计划和在线直销渠道对供应链绩效的影响。Liu 和 Chen 研究了碳交易机制下考虑随机需求的两阶段供应链博弈模型，他们提出最优生产决策与单位产品的碳排放量有关。虽然已有文献研究了航速优化、船舶技术和运力选择评估方法、港口可再生能源、清洁燃料和高效能源利用措施等问题，但从供应链层面关注碳交易制度对港口和航运的影响的文章较少。然而，港航供应链不同于一般产品供应链，港航供应链本质上是提供服务的理念，需要港口和船公司进行良好的合作，以节省更多的成本，为客户提供更好的服务体验。

随着全球低碳经济的发展，客户的低碳偏好也引起了各国学者的关注。在港口供应链中，客户的低碳偏好对港口减排也有积极作用，但相关研究较少。在产品供应链研究中，Yu 和 Hou 研究了消费者的低碳偏好对市场需求的影响。Su 等构建了消费者低碳偏好下，在绿色供应链中考虑不同补贴形式和不同权力结构的定价决策模型。Pan 等考虑碳交易机制下的绿色消费偏好，构建了一个由绿色制造商和污染制造商组成的供应链双方博弈模型。Cheng 等研究了经济约束下考虑客户低碳偏好的闭环供应链的最优策略。Sana 提出了一种特定产品的市场容量不确定的双渠道库存模型。Chen 等研究了考虑消费者环境意识的供应链的最优补贴率和产量。Long 针对消费者低碳偏好下的三阶段制造业闭环供应链，构建政府补贴下的斯塔克尔伯格博弈模型。然而，上述文章大多是从产品消费者的角度考虑绿色偏好的，尽管 Yang 研究了碳交易制度下的港口供应链减排技术决策问题，但其并未考虑到顾客的低碳偏好。

如前文所述，目前，许多研究者从减排和成本方面对两种减排技术（岸电和低硫油）的可行性进行了研究，但少有文章从技术本身的差异、经济性和社会效益等方面对两种减排方式进行比较。本章在碳交易下，考虑客户低碳偏好，从成本、利润、碳排放和社会福利四个方面对两种减排方式进行比较。

5.2　问题提出

港口区域可供选择的减排技术有两种：SP（岸电）和 LSFO（低硫油），使用 SP 需要港口与航运企业共同进行初始投资，且初始投资费用高，但价格便宜，排放低。而使用 LSFO 则不需要初始投资，也不需要港口介入，但 LSFO 价格贵，排放比 SP 高。那么，碳交易政策对港口与船舶减排技术决策有什么影响？港口与船舶在市场中的地位是否影响减排技术选择？基于此，针对实际中的难点，重点研究碳交易下，考虑客户低碳偏好，港口和船公司在不同博弈结构下的价格、收益、社会福利等指标，探讨港口区域减排技术决策。

5.2.1　问题描述

在供应链中，船舶为客户提供服务并获得收益，同时向港口支付靠泊服务费用，因此客户的总服务价格包括了港口的费用和船舶的费用。在碳交易机制中，政府先给港口分配碳排放配额，港口供应链可以选择使用 SP 和 LSFO 来减少碳排放。为使用 SP，港口和船舶需要投入成本安装 SP 设施，而使用 LSFO 只增加了船舶的成本。由于靠泊船舶之间的需求相关性和竞争较弱，因此本章提出由一个港口和一艘船舶组成的供应链来进行简单阐述（见图 5 - 1）。这种设定在一定程度上描述了现实，在现有文献中被广泛使用。当然，在未来的研究中也可以扩展到多个港口和多个船舶的情形。

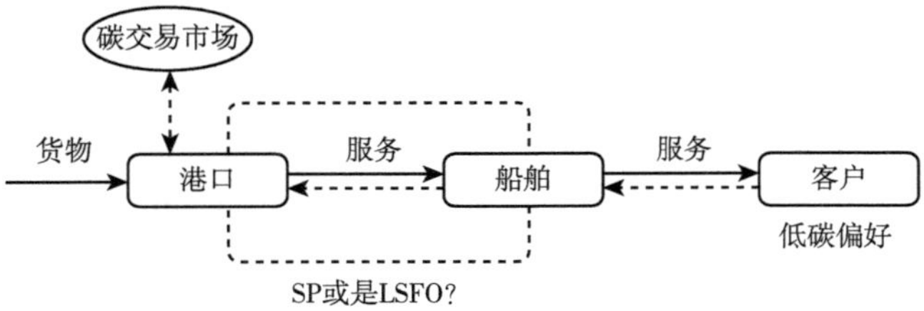

图 5 - 1　港口供应链的减排决策框架

5.2.2　符号说明

相关参数和决策变量如表 5 - 1 所示。下标 i（E，L）表示采用的减排技术（SP，LSFO），下标 j（$j = P$，S，N）是指博弈类型，S 代表港口主导的斯塔克尔伯格博弈，P 代表船舶主导的斯塔克尔伯格博弈，N 代表双方同等地位的纳什博弈。上标 k（$k = p$，s，sc）表示供应链中的成员（港口、船公司和整体供应链），面向客户的总服务价格 $p = m + w$。

表 5 - 1　符号和定义

符号	定义
参数	
a	市场规模，为常数，$a > 0$
b	市场需求对价格的敏感系数（$b > 0$）
q	货物需求量
c_t	船舶单位航海运输成本

续表

符号	定义
c_S	采用岸电后船舶的单位服务成本
c_L	采用低硫油后船舶的单位服务成本
c_E	采用岸电后港口的单位服务成本
β	对环境的关注度
p_c	碳价格
K	港口碳配额
γ	客户群体低碳偏好系数
e_i	船舶使用 i 技术的单位碳排放量
e	没减排前船舶的单位碳排放量
决策变量	
U_{i-j}^n	使用 i 技术在 j 博弈中 n 的利润
T_{i-j}	供应链使用 i 技术在 j 博弈中的社会福利
sw_{i-j}	供应链使用 i 技术在 j 博弈中的社会福利
m_{i-j}	使用 i 技术在 j 博弈中港口装卸每单位 TEU 的价格
w_{i-j}	使用 i 技术在 j 博弈中船舶运输每单位 TEU 的价格

5.2.3　基本假设

为了便于后续的建模和分析，做以下两个假设。

假设 5.1：$e_E < e_L$，$c_E + c_S > c_L$。

与 SP 比起来，使用 LSFO 会产生更多的排放，即：$e_E < e_L$。此外，如果在没有政策干预的情况下，从供应链利润角度，船舶是不会自愿采用 SP 的，因此，假设 SP 的成本较高，即$c_E + c_S > c_L$。

假设 5.2：根据 Liu 等 和 Yang 等，需求函数为：

$q = a - bp + \gamma(e - e_i) = a - b(m + w) + \gamma(e - e_i), a, b > 0$。

5.3　建模和求解

5.3.1　采用 SP

在使用 SP 时，港口和船公司都要进行岸电改造，船舶靠港后用岸电代替燃油发电，模型如下：

港口利润函数为：

$$U^p=(m-c_E)q-(q\,e_E-K)p_c \tag{5-1}$$

船公司利润函数为：

$$U^s=(w-c_t-c_S)(a-bm-bw+\gamma e-\gamma e_E) \tag{5-2}$$

整体供应链利润函数为：

$$U^{sc}=U^s+U^p \tag{5-3}$$

供应链的碳排放总量为：

$$T=qe_E \tag{5-4}$$

整体供应链的社会福利为：

$$sw=U^s+U^p-\beta T^2 \tag{5-5}$$

在式（5－5）中，β 代表环境关注度，那么 βT^2 则表示总排放所带来的社会负效益。

采用标准逆向归纳法求解三种不同权力结构下的博弈模型，所得均衡解如表 5－2 所示。

5.3.2 采用 LSFO

当供应链采用 LSFO 减排时，供应链的利润和总碳排放量函数如式（5－6）至式（5－8）所示。

$$U^p=mq-(q\,e_L-K)p_c \tag{5-6}$$

$$U^s=(w-c_t-c_L)(a-bm-bw+\gamma e-\gamma e_L) \tag{5-7}$$

$$T=qe_L \tag{5-8}$$

与使用 SP 减排相同，采用标准逆向归纳法求解三种不同权力结构下的博弈模型，所得均衡解如表 5－3 所示。

表 5－2　　采用 SP 时的均衡解

情形	m_{E-j}	w_{E-j}	T_{E-j}
$j=S$	$\frac{a+\gamma e-\gamma e_E+3bc_E-bc_S-bc_t+3be_Ep_c}{4b}$	$\frac{a+\gamma e+bc_S+bc_t-bc_E-\gamma e_E-be_Ep_c}{2b}$	$\frac{e_EA}{4}$
$j=N$	$\frac{a+\gamma e-\gamma e_E+2bc_E-bc_S-bc_t+2be_Ep_c}{3b}$	$\frac{a+\gamma e+2bc_t+2bc_S-\gamma e_E-bc_E-be_Ep_c}{3b}$	$\frac{e_EA}{3}$
$j=P$	$\frac{a+\gamma e-\gamma e_E+bc_E-bc_S-bc_t+be_Ep_c}{2b}$	$\frac{a+\gamma e+3bc_S+3bc_t-\gamma e_E-bc_E-be_Ep_c}{4b}$	$\frac{e_EA}{4}$
情形	U^p_{E-j}	U^s_{E-j}	U^{sc}_{E-j}
$j=S$	$\frac{16bKp_c+(a+\gamma e-\gamma e_E-bc_E-bc_S-bc_t-be_Ep_c)^2}{16b}$	$\frac{(a+\gamma e-bc_S-bc_t-\gamma e_E-bc_E-be_Ep_c)^2}{8b}$	$\frac{16bKp_c+3A^2}{16b}$
$j=N$	$\frac{9bKp_c+(a+\gamma e-\gamma e_E-bc_E-bc_S-bc_t-be_Ep_c)^2}{9b}$	$\frac{(a+\gamma e-\gamma e_E-bc_E-bc_S-bc_t-be_Ep_c)^2}{9b}$	$\frac{9bKp_c+2A^2}{9b}$
$j=P$	$\frac{8bKp_c+(a+\gamma e-\gamma e_E-bc_S-bc_t-bc_E-be_Ep_c)^2}{8b}$	$\frac{(a+\gamma e-\gamma e_E-bc_E-bc_S-bc_t-be_Ep_c)^2}{16b}$	$\frac{16bKp_c+3A^2}{16b}$
情形	sw_{E-j}		
$j=S$	$\frac{16bKp_c+(3-be_E^2\beta)(a+\gamma e-\gamma e_E-bc_E-bc_S-bc_t-be_Ep_c)^2}{16b}$		
$j=N$	$\frac{9bKp_c+(3-be_E^2\beta)(a+\gamma e-\gamma e_E-bc_E-bc_S-bc_t-be_Ep_c)^2}{9b}$		
$j=P$	$\frac{16bKp_c+(3-be_E^2\beta)(a+\gamma e-\gamma e_E-bc_E-bc_S-bc_t-be_Ep_c)^2}{16b}$		

其中 $A=a+\gamma e-\gamma e_E-bc_E-bc_S-bc_t-be_Ep_c$。

表 5-3　　采用 LSFO 时的均衡解

情形	m_{L-j}	w_{L-j}	T_{L-j}
$j=S$	$\frac{a+\gamma e-\gamma e_L+3be_Lp_c-bc_L-bc_t}{4b}$	$\frac{a+\gamma e+bc_t+bc_L-be_Lp_c-\gamma e_L}{2b}$	$\frac{e_LA}{4}$
$j=N$	$\frac{a+\gamma e-\gamma e_L+2be_Lp_c-bc_L-bc_t}{3b}$	$\frac{a+\gamma e+2bc_t+2bc_L-\gamma e_L-be_Lp_c}{3b}$	$\frac{e_LA}{3}$
$j=P$	$\frac{a+\gamma e-\gamma e_L+3be_Lp_c-bc_L-bc_t}{2b}$	$\frac{a+\gamma e+3bc_L+3bc_t-\gamma e_L-be_Lp_c}{4b}$	$\frac{e_LA}{4}$
情形	U^p_{L-j}	U^s_{L-j}	U^{sc}_{L-j}
$j=S$	$\frac{16bKp_c+(a+\gamma e-\gamma e_L-bc_L-bc_t-be_Lp_c)^2}{16b}$	$\frac{(a+\gamma e-\gamma e_L-be_Lp_c-bc_L-bc_t)^2}{8b}$	$\frac{16bKp_c+3B^2}{16b}$
$j=N$	$\frac{9bKp_c+(a+\gamma e-\gamma e_L-bc_L-bc_t-be_Lp_c)^2}{9b}$	$\frac{(a+\gamma e-\gamma e_L-bc_L-bc_t-be_Lp_c)^2}{9b}$	$\frac{9bKp_c+2B^2}{9b}$
$j=P$	$\frac{8bKp_c+(a+\gamma e-\gamma e_L-be_Lp_c-bc_L-bc_t)^2}{8b}$	$\frac{(a+\gamma e-\gamma e_L-bc_L-bc_t-be_Lp_c)^2}{16b}$	$\frac{16bKp_c+3B^2}{16b}$
情形	sw_{L-j}		
$j=S$	$\frac{16bKp_c+(3-be_L^2\beta)(a+\gamma e-\gamma e_L-bc_L-bc_t-be_Lp_c)^2}{16b}$		
$j=N$	$\frac{9bKp_c+(2-be_L^2\beta)(a+\gamma e-\gamma e_L-bc_L-bc_t-be_Lp_c)^2}{9b}$		
$j=P$	$\frac{16bKp_c+(3-be_L^2\beta)(a+\gamma e-\gamma e_L-bc_L-bc_t-be_Lp_c)^2}{16b}$		

其中 $B=a+\gamma e-\gamma e_L-bc_L-bc_t-be_Lp_c$。

5.4　分析和讨论

通过比较分析和敏感性分析，得出不同参数对供应链最优价格、最优排放、最优利润和最优社会福利的影响，以帮助港口和航运公司选择合适的减排技术，为政府制订政策提供参考。

5.4.1　最优价格分析

在引理5.1和命题5.1中给出了运营参数对供应链最优服务价格的影响。

引理5.1：在供应链中，当使用SP时，m_{E-j}随着c_E、p_c和γ的增加而增加，而随着c_S和c_t的增加而减少；w_{E-j}随着c_S、c_t和γ的增加而增加，而随着c_E和p_c的增加而减少。当使用LSFO时，m_{L-j}随着p_c和γ的增加而增加，而随着c_t和c_L的增加而减少。w_{L-j}随着c_t、c_L和γ的增加而增加，而随着p_c的增加而减少。

显然，港口和船舶的运营成本随着γ和θ的增加而增加，而供应链的总服务价格也相应增加。然而，当一方的成本增加时，供应链的双方都可能降低价格以获得更多的利润。

命题5.1：最优价格满足以下条件

$$m_{i-P}<m_{i-N}<m_{i-S},w_{i-P}>w_{i-N}>w_{i-S},p_{i-N}<p_{i-P}=p_{i-S}$$

引理5.1和命题5.1表明，在三种权力结构下，领导者在定价时总是考虑碳价格和低碳偏好对总需求的影响。因此，纳什博弈的最优价格低于一方主导的斯塔克尔伯格博弈的最优价格。

5.4.2 利润分析

比较港口供应链在三种权力结构和不同减排技术下的最优利润，可以得到运营参数对最优利润的影响。

引理 5.2：U_{i-j}^{sc}随着 K 的增加而增加，并且是关于 c_i、c_t、p_c、γ 和 e_i的凹函数，U_{E-j}^{sc}也是关于 c_S的凹函数。

随着运营成本、碳价格和排放量的增加，港口供应链的总利润首先受到成本上升的影响。当运营成本、碳价格和排放量越来越高的情况下，航运公司可能会减少服务以降低成本。当运营成本、碳价格和排放量极高，达到某一上限，港口供应链可能不会再提供服务。

命题 5.2：供应链中各方利润满足

$$U_{i-P}^{p} \geqslant U_{i-N}^{p} \geqslant U_{i-S}^{p},\ U_{i-P}^{s} \leqslant U_{i-N}^{s} \leqslant U_{i-S}^{s},\ U_{i-N}^{sc} \geqslant U_{i-P}^{sc} = U_{i-S}^{sc}$$

命题 5.2 表明，无论是港口还是船舶，博弈中的领导者总是比追随者获得更多的利润，在纳什博弈中供应链的利润是最高的。因此，如果管理部门是更多地关注供应链的整体利润，那么应该鼓励港口和船舶之间处于平等的关系。

命题 5.3：港口供应链的利润满足

若 $p_c - \dfrac{\gamma}{b} < \dfrac{c_S + c_E - c_L}{e_L - e_E}$，

那么 $U_{E-j}^{p} < U_{L-j}^{p}$，$U_{E-j}^{s} < U_{L-j}^{s}$和 $U_{E-j}^{sc} < U_{L-j}^{sc}$。

命题 5.3 表明，在客户的低碳偏好确定的情况下，当碳价较低时，从供应链的利润来看，LSFO 是首选，否则 SP 是更好的选择。在碳价一定的情况下，当客户的低碳偏好较高时，从供应链的利润来看，LSFO 是首选，否则 SP 是更好的选择。但随着碳价格和消费者低碳偏好的增加，技术的选择是一个复杂的问题，因为它受到排放和技术成本之间关系的影响，这将通过数值例子进行研究。如果碳价格非常高，消费者的价格就会非常高，导致市场需求非常低。在这种情况下，无论采用哪一种技术，两种技术的利润都是非常相似的。

5.4.3　总排放量分析

本节研究碳价格、运营成本和客户低碳偏好对港口供应链碳排放量的影响。

引理 5.3：T_{E-j}随着 c_E、c_t、c_S和 p_c的增加而减少，而随着 γ 的增加而增加；T_{L-j}随着 c_t、c_L和 p_c的增加而减少，而随着 γ 的增加而增加。

随着碳价格和运营成本的增加，供应链的服务价格也会上涨，市场需求会减少，因此供应链总碳排放量会减少。当消费者的低碳偏好增加时，市场需求增加，因此总碳排放量增加。

命题 5.4：港口供应链碳排放量满足 $T_{i-P}=T_{i-S}\leqslant T_{i-N}$。

命题 5.4 表明，当港口和船公司处于相对平等的关系时，他们倾向于以较低的价格来招揽更多的客户，从而扩大市场需求，这样供应链就会产生更多的排放。而在斯塔克尔伯格博弈中，领导者总是有限制他人提供服务的动机，从而导致总排放量减少。值得注意的是，命题 5.2 表明纳什博弈中的供应链总利润最高，但当碳排放是监管者关注的问题时，斯塔克尔伯格博弈则更受青睐。

命题 5.5：不同技术条件下的碳排放总量满足以下关系

如果$p_c-\dfrac{\gamma(e-e_E-e_L)}{b(e_E+e_L)}<\dfrac{c_Le_L+c_te_L-c_ee_E-c_Se_E-c_te_E}{(e_E{}^2-e_L^2)}+\dfrac{a}{b(e_E+e_L)}$，

那么 $T_{E-j}<T_{L-j}$，否则 $T_{E-j}\geqslant T_{L-j}$。

在碳价格和消费者的低碳偏好都很低的情况下，供应链的最优价格和利润几乎不受碳排放和低碳偏好的影响。那么从总成本来看，使用低成本的 LSFO 是供应链的首选。此时，低服务价格导致高的市场需求，结合较高的单位碳排放量，从而使用 LSFO 比使用 SP 将产生更多的碳排放量。随着碳价格和客户低碳偏好的提高，使用 SP 减排的整体成本优势逐渐显现。当碳价格和客户的低碳偏好满足一定条件时，即使使用 SP 的单位碳排放量较低，但由于供应链可能倾向于提供更多的服务，从而采用 SP 的总排放量也可能超过 LSFO。但需要注意的是碳价格的值是有一个上限的，以确保正向的市场需求。命题 5.5 中的阈值可能超过这个上限，从而导致 $T_{E-j}<T_{L-j}$。以上研究的结果将有助于管理部门制订合理的碳交易政策和管理措施，促进港口和船舶的减排。

5.4.4 社会福利分析

本节比较了三种权力结构和两种技术下的社会福利。

命题 5.6：不同权力结构下的社会福利满足

假如 $\beta<\dfrac{5}{7be_i^{\ 2}}$，那么 $sw_{i-P}=sw_{i-S}<sw_{i-N}$，否则 $sw_{i-P}=sw_{i-S}\geqslant sw_{i-N}$。

命题 5.2 和命题 5.4 表明纳什博弈下的供应链总利润最高，碳排放量也是最高的。当 β 较低时，排放给社会福利所带来的负效益是较小的，因此，纳什博弈下的社会福利是最高的。随着 β 的增加，排放对社会福利的负效益也相应的增加。最终，当 β 增加一定程度，斯塔克尔伯格博弈下的社会福利都高于纳什博弈下的社会福利。以上研究的结果将为管理部门扶持特定的市场权力结构以实现社会福利最大化提供了一些建议。

命题 5.7：不同减排技术下的社会福利满足

如果 $\beta\sigma < \frac{2\varphi}{\sigma}$，那么 $sw_{E-j} < sw_{L-j}$；

如果 $\frac{2\varphi}{\sigma} < \beta < \frac{3\varphi}{\sigma}$，那么 $sw_{E-j} < sw_{L-j}$ $(j = S,\ P)$，$sw_{E-N} > sw_{L-N}$；

如果 $\beta > \frac{3\varphi}{\sigma}$，那么 $sw_{E-j} > sw_{L-j}$。

其中 $\varphi = 2(bc_E - bc_L + bc_S + c_t + e_E\gamma - \gamma e_L + bp_c e_E - bp_c e_L)(bc_E - 2a + bc_L + bc_S + 2bc_t - 2e\gamma + e_E\gamma + \gamma e_L + bp_c e_E + bp_c e_L)$，

$\sigma = b(bc_E e_E + bc_S e_E + ae_L - ae_E + bc_t e_E - be_L c_L - bc_t e_L - ee_E\gamma + e\gamma e_L - ee_E\gamma + e_E^2\gamma + ee_L\gamma - e_L^2\gamma + bp_c e_E^2 - bp_c e_L^2)(bc_E e_E + bc_S e_E + bc_t e_E - ae_E - ae_L + be_L c_L + bc_t e_L - ee_E\gamma + e_E^2\gamma - ee_L\gamma + e_L^2\gamma + bp_c e_E^2 + bp_c e_L^2)$。

命题 5.7 表明，当 β 较低时，从社会福利角度，使用 SP 减排优于使用 LSFO。但当 β 较高时，使用 LSFO 是更好的选择。然而，由于 β 的表达式非常复杂，需要用数值算例来进行阐述。

5.5　数值分析

在这一部分中，给出了一些数值分析来更清楚地阐述上述引理和命题。除特别注明外，各模型中的相关参数如下：$a = 200$，$b = 3.5$，$c_E = 2.8$，$c_t = 3.6$，$c_S = 0.6$，$e_E = 4.2$，$e_L = 4.9$，$c_L = 1.6$，$K = 100$，$e = 5.4$。

5.5.1　p_c和 γ 对利润的影响

三种权力结构下的港口利润对比如图 5－2 所示，图 5－3 展示了船舶利润变化情况。与命题 5.2 一致，无论是港口还是船舶，作为领导者时获得的利润总是比作为追随者时获得的利润多。从图 5－4 可以明显看出，纳什博弈下的供应链利润比斯塔克尔伯格博弈下的利润更多。如图 5－4 所示，根据引理 5.2，供应链的整体利润是 p_c 和 γ 的凸函数。

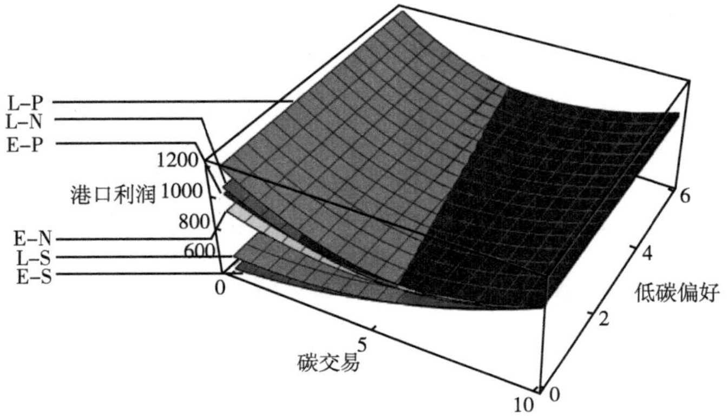

图 5－2 港口利润

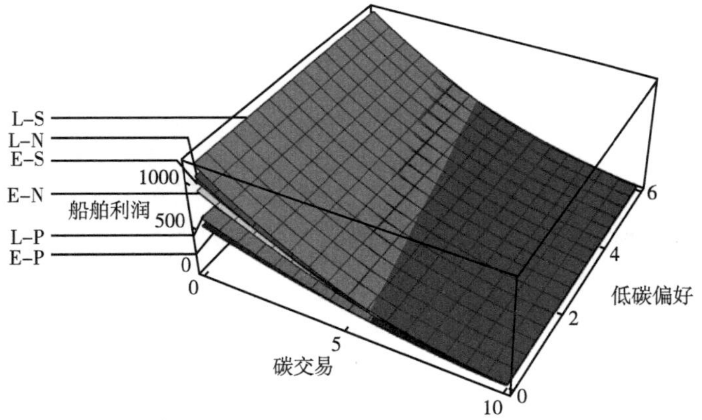

图 5－3 船舶利润

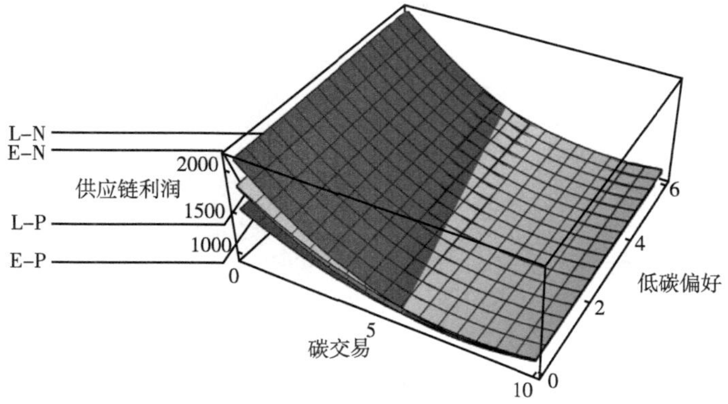

图 5－4 供应链总利润

比较两种技术下的供应链整体利润是复杂的。当碳价格和低碳偏好都很低时，对低排放技术的排放处罚和激励可以忽略不计，此时使用低成本的 LSFO 是首选。随着碳价格和客户低碳偏好的增加，SP 将逐渐超过 LSFO 成为首选。但是，当碳价格上升到阈值时，供应链的利润将变为零，因为排放惩罚如此之高，港口和船舶将不再提供服务。

5.5.2 p_c和 γ 对碳排放的影响

如图 5－5 所示，纳什博弈下的碳排放量最高，如命题 5.5 所示。当碳价格和客户的低碳偏好都较低时，使用 LSFO 的碳排放量高于使用 SP 的碳排放量。而随着碳价格的增加，使用 SP 的碳排放量将慢慢超过使用 LSFO 的碳排放量。但当碳价格增长到很高的水平时，各权力结构下的港口供应链提供的服务都会下降到极低的水平，三种权力结构的排放都趋于接近。因此，如果排放控制是管理部门的唯一目标，在低碳价的情形下，使用 LSFO 会更好，而在高碳价的情况下，如命题 5.6 所示，使用 SP 会更好。

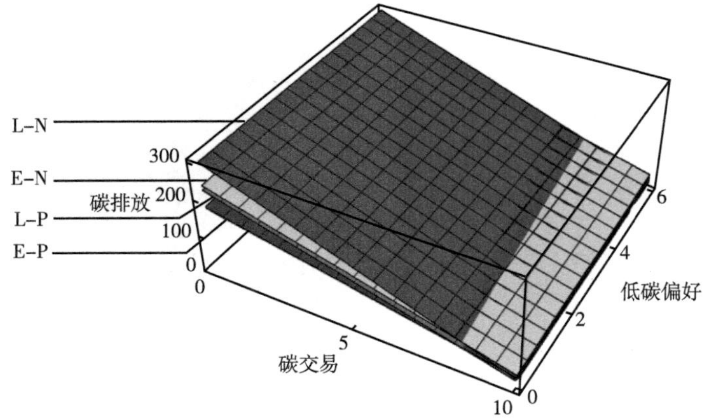

图 5-5 供应链总碳排放量

5.5.3 β 对社会福利的影响

为了更好地说明 β 对社会福利变化的影响，我们对图 5-5 中的部分参数进行了重新定义，图的左侧展示的是低碳价格情形（p_c = 0.2），图的右侧展示的是碳价较高的情形（p_c = 8），$\beta \in [0, 0.02]$。在图 5-5 中很好地展示了命题 5.6 所得结论。

给定某一减排技术，从社会福利最大化的角度，如果 β 很小，则利润较高的纳什博弈将是首选。否则，斯塔克尔伯格博弈应该会更好。

比较 SP 和 LSFO 两种技术的社会福利是十分复杂的。这里以纳什博弈为例，有两种不同的碳价情况，一种是高碳价，另一种是低碳价，如图 5-6 所示。

低碳价格的情形见图 5-6（a）。当客户的低碳偏好较低时，根据命题 5.3，使用 LSFO 的供应链利润高于采用 SP 的供应链利润。根据命题 5.5，采用 LSFO 的供应链碳排放量也高于采用 SP 的碳排放量。因此，在低碳价格情形下，当环境关注较低时，使用 LSFO 比使用 SP 获得更多的社会福利。而随着环境关注度的增加，碳排放的惩罚也相应增加，因此社会福利也会减少。但由于排放较高，采用LSFO的社会福利比使用SP的社会福利下降更为明显。因此，当环境关注度较高时，使用SP优于使用LSFO，能带来更高的社会福利。

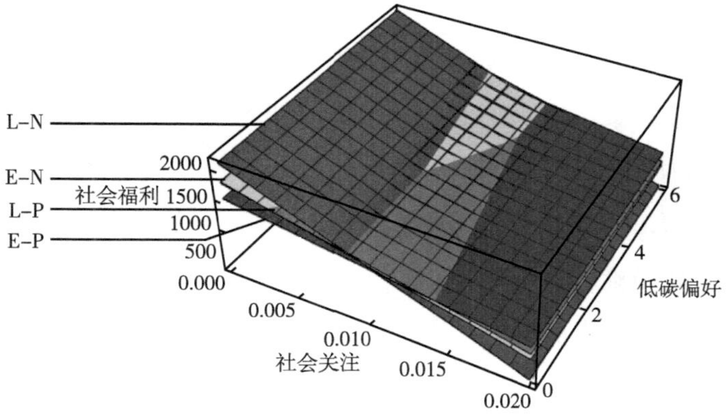

（a）p_c=0.02

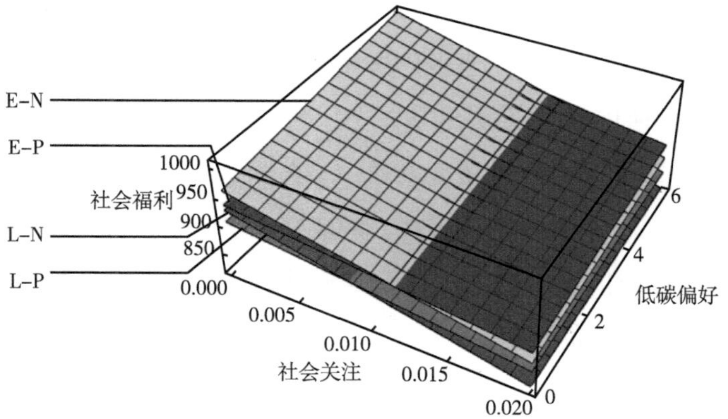

（b）p_c=8

图5-6 供应链的社会福利

然而，在高碳价的情形下，如命题5.3和命题5.5所示，在港口供应链中，采用SP的利润和碳排放都高于采用LSFO的。因此，社会福利相对于碳价格的变化与低碳价情况恰恰相反，如图5-6（b）所示。因此，一般当碳价格、社会关注度和客户低碳偏好均为低或均为高时，供应链优先选择LSFO减排，否则应选择使用SP来减排。

5.6 本章小结

本章讨论了港口供应链的减排决策问题。港口供应链由一个港口和一艘船舶组成，在考虑碳价格和客户低碳偏好下，可以选择使用SP减排或使用LSFO减排，应用博弈方法建立三种权力结构下的供应链减排模型，从经济和社会效益方面比较分析了这两种减排技术，得到以下主要结论。

首先，港口供应链中，在所有三种权力结构下，领导者总是更多地考虑定价对总需求的影响。因此，纳什博弈的最优价格往往低于一方占主导优势的斯塔克尔伯格博弈的最优价格。从供应链的总利润角度，双方处于平衡地位的纳什博弈比一方占主导地位的斯塔克尔伯格博弈更好。一般情况下，当碳价格和客户的低碳偏好都较低时，首选LSFO，否则使用SP是更好的选择。

其次，从排放控制的角度来看，一方主导的斯塔克尔伯格博弈总是比纳什博弈产生更少的碳排放。一般情况下，当碳价格和客户的低碳偏好都较低时，供应链使用LSFO减排比使用SP更可取，否则采用SP应该是更好的选择。

最后，从社会福利最大化的角度来看，在低环境关注度下，纳什博弈比起斯塔克尔伯格博弈，能获得更高的社会福利。而在环境关注度较高的情况下，斯塔克尔伯格博弈的社会福利则大于纳什博弈下的社会福利。然而，两种技术的社会福利比较更为复杂。一般情况下，当碳价格、客户的低碳偏好和环境关注度都较低或都较高时，使用LSFO是较好的选择，否则，使用SP则是首选。

在实践中，港航企业的减排决策受多种因素的影响，包括港口资源、船舶特点、港口之间的竞争关系、船舶之间的竞争关系以及市场需求的不确定性等，港口和航运企业的排放控制技术选择更为复杂。因此，一个与现实更贴近地考虑多个港口、多个航运公司以及随机的市场需求因素的供应链是未来的研究方向。此外，碳税和碳补贴等其他碳排放控制政策也是未来可以探讨的方向。

附录

1. 使用 SP 时的均衡解

（1）船舶主导的斯塔克尔伯格博弈中，港口的利润是$U^p=(m-c_E)q-(q\,e_E-K)p_c$。

求解$\frac{\partial U^p}{\partial m}=0$，$m^*=\frac{a+bc_S-bw+\gamma(e-e_E)+be_Ep_c}{2b}$，将 m^* 代入 U^s，并且求解 $\frac{\partial U^s}{\partial w}=0$，$w_{E-S}=\frac{a+\gamma e-\gamma e_E+bc_S-bc_E+bc_t-be_Ep_c}{2b}$，有

$$m_{E-S}=\frac{a+\gamma e+3bc_E+3be_Ep_c-\gamma e_E-bc_S-bc_t}{4b},$$

$$U^p_{E-S}=\frac{16bKp_c+(a+\gamma e-\gamma e_E-bc_E-bc_S-bc_t-be_Ep_c)^2}{16b}$$

$$U^s_{E-S}=\frac{(a+\gamma e-\gamma e_E-bc_E-bc_S-bc_t-be_Ep_c)^2}{8b}$$

$$U^{sc}_{E-S}=\frac{16bKp_c+3(a+\gamma e-\gamma e_E-bc_E-bc_S-bc_t-be_Ep_c)^2}{16b},$$

$$T_{E-S}=\frac{1}{4}e_E(a+\gamma e-\gamma e_E-bc_E-bc_S-bc_t-be_Ep_c)$$

$$sw_{E-S}=\frac{16bKp_c+(3-be_E^2p_c)(a+\gamma e-\gamma e_E-bc_E-bc_S-bc_t-be_Ep_c)^2}{16b}$$

（2）在纳什博弈中，船舶的利润为：$U^s=(w-c_t-c_S)[a-b(m+w)+\gamma(e-e_E)]$，求解 $\frac{\partial U^s}{\partial w}=0$，$w^*=\frac{a+bc_E+bc_t-bm+\gamma e-\gamma e_E}{2b}$。

港口的利润为$U^p=(m-c_E)q-(q\,e_E-K)p_c$。

求解 $\frac{\partial U^p}{\partial m}=0$，$m^*=\frac{a+bc_S-bw+\gamma\ (e-e_E)\ \ +be_Ep_c}{2b}$。

同时求解上述两个等式

$$m_{E-N}=\frac{a+\gamma e+2bc_E+2be_Ep_c-\gamma e_E-bc_S-bc_t}{3b},$$

$$w_{E-N}=\frac{a+\gamma e+2\ bc_t-\gamma e_E-bc_E+2bc_S-be_Ep_c}{3b},$$

从而有

$$U^p_{E-N}=\frac{(a+\gamma e-\gamma e_E-bc_t-bc_S-bc_E-be_Ep_c)^2+9bKp_c}{9b},$$

$$U^s_{E-N}=\frac{(a+\gamma e-bc_S-bc_t-\gamma e_E-bc_E-be_Ep_c)^2}{9b}$$

$$U^{sc}_{E-N}=\frac{9bKp_c+2(a+\gamma e-bc_S-bc_t-\gamma e_E-bc_E-be_Ep_c)^2}{9b},$$

$$T_{E-N}=\frac{1}{9}e_E(a+\gamma e-bc_S-bc_t-\gamma e_E-bc_E-be_Ep_c),$$

$$sw_{E-N}=\frac{9bKp_c+(2-be^2_Ep_c)(a+\gamma e-bc_S-bc_t-\gamma e_E-bc_E-be_Ep_c)^2}{9b}$$

（3）港口主导的斯塔克尔伯格博弈中，船舶的利润为$U^s=(w-c_t-c_S)[a-b(m+w)+\gamma(e-e_E)]$，求解$\frac{\partial U^s}{\partial w}=0$，$w^*=\frac{a+bc_E+bc_t-bm+\gamma e-\gamma e_E}{2b}$，将$w^*$代入$U^p$，并且求解$\frac{\partial U^p}{\partial m}=0$，$m_{E-P}=\frac{a+\gamma e-\gamma e_E+bc_E-bc_S-bc_t+be_Ep_c}{2b}$，从而有

$$w_{E-P}=\frac{a+\gamma e-\gamma e_E+3bc_S-bc_E+3bc_t-be_Ep_c}{4b},$$

$$U^p_{E-P}=\frac{8bKp_c+(a+\gamma e-\gamma e_E-bc_E-bc_S-bc_t-be_Ep_c)^2}{8b},$$

$$U_{E-P}^{s}=\frac{(a+\gamma e-\gamma e_E-bc_E-bc_S-bc_t-be_Ep_c)^2}{16b}$$

$$U_{E-P}^{sc}=\frac{16bKp_c+3(a+\gamma e-\gamma e_E-bc_E-bc_S-bc_t-be_Ep_c)^2}{16b},$$

$$T_{E-P}=\frac{1}{4}e_E(a+\gamma e-\gamma e_E-bc_E-bc_S-bc_t-be_Ep_c)$$

$$sw_{E-P}=\frac{16bKp_c+(3-be_E^2p_c)(a+\gamma e-\gamma e_E-bc_E-bc_S-bc_t-be_Ep_c)^2}{16b}$$

2. 使用 LSFO 时的均衡解

与使用 SP 时的情形类似，应用相同的方法，可以得到 LSFO 下的平衡结果，此处省略求解过程。

3. 证明

引理 5.1 的证明：

$$\frac{\partial m_{E-j}}{\partial c_s}>0,\ \frac{\partial m_{i-j}}{\partial \theta}>0,\ \frac{\partial m_{i-j}}{\partial \gamma}>0,\ \frac{\partial m_{i-j}}{\partial c_i}<0,\ \frac{\partial m_{i-j}}{\partial c_t}<0,$$

$$\frac{\partial w_{E-j}}{\partial c_s}<0,\ \frac{\partial w_{i-j}}{\partial \theta}<0,\ \frac{\partial w_{i-j}}{\partial \gamma}>0,\ \frac{\partial w_{i-j}}{\partial c_i}>0,\ \frac{\partial w_{i-j}}{\partial c_t}>0$$

命题 5.1 的证明：

当使用 SP 时，比较不同结构下的最优价格

$$m_{E-P}-m_{E-N}=\frac{a+\gamma e-\gamma e_E-bc_S-bc_t-bc_E-be_Ep_c}{6b}$$

$$m_{E-S}-m_{E-N}=-\frac{a+\gamma e-\gamma e_E-bc_S-bc_t-bc_E-be_Ep_c}{12b}$$

$$m_{E-P}-m_{E-S}=\frac{a+\gamma e-\gamma e_E-bc_S-bc_t-bc_E-be_Ep_c}{4b}$$

$$w_{E-P}-w_{E-N}=-\frac{a+\gamma e-\gamma e_E-bc_S-bc_t-bc_E-be_Ep_c}{12b}$$

$$w_{E-P}-w_{E-S}=-\frac{a+\gamma e-\gamma e_E-bc_S-bc_t-bc_E-be_Ep_c}{4b}$$

$$w_{E-S}-w_{E-N}=\frac{a+\gamma e-bc_S-bc_t-\gamma e_E-bc_E-be_Ep_c}{6b}$$

由于 $q>0$，p_c必须满足 $p_c<\frac{a+\gamma e-\gamma e_E-bc_E-bc_S-bc_t}{be_E}$，因此有：$m_{E-P}>m_{E-N}>m_{E-S}$，$w_{E-P}<w_{E-N}<w_{E-S}$。

当使用 LSFO 时，比较不同权力下的最优价格

$$m_{L-P}-m_{L-N}=\frac{a+\gamma e-\gamma e_L-bc_t-be_Lp_c-bc_L}{6b},$$

$$m_{L-S}-m_{L-N}=-\frac{a+\gamma e-\gamma e_L-bc_t-be_Lp_c-bc_L}{12b}$$

$$m_{L-P}-m_{L-S}=\frac{a+\gamma e-\gamma e_L-bc_t-be_Lp_c-bc_L}{4b},$$

$$w_{L-P}-w_{L-N}=-\frac{a+\gamma e-\gamma e_L-bc_t-be_Lp_c-bc_L}{12b}$$

$$w_{L-P}-w_{L-S}=-\frac{a+\gamma e-\gamma e_L-bc_t-be_Lp_c-bc_L}{4b},$$

$$w_{L-S}-w_{L-N}=\frac{a+\gamma e-\gamma e_L-bc_t-be_Lp_c-bc_L}{6b}$$

由于 $q>0$，p_c必须满足 $p_c<\frac{a+\gamma e-\gamma e_L-bc_L-bc_t}{be_L}$，因此，$m_{L-P}>m_{L-N}>m_{L-S}$，$w_{L-P}<w_{L-N}<w_{L-S}$。

引理 5.2 的证明：

（1）当 $j=P$ 时，$\frac{\partial^2 U_{i-P}^{sc}}{\partial^2 c_i}=\frac{3b}{8}>0$，$\frac{\partial^2 U_{i-P}^{sc}}{\partial^2 c_t}=\frac{\partial^2 U_{E-P}^{sc}}{\partial^2 c_E}=\frac{3b}{8}>0$，$\frac{\partial^2 U_{i-P}^{sc}}{\partial^2 \gamma}=\frac{3(e_i-e)^2}{8b}>0$，$\frac{\partial^2 U_{i-P}^{sc}}{\partial^2 e_i}=\frac{3(b+p_c)^2}{8}>0$。

（2）当 $j=S$ 时，$\frac{\partial^2 U_{i-S}^{sc}}{\partial^2 c_i}=\frac{3b}{8}>0$，$\frac{\partial^2 U_{i-S}^{sc}}{\partial^2 c_t}=\frac{\partial^2 U_{E-S}^{sc}}{\partial^2 c_E}=\frac{3b}{8}>0$，

$\frac{\partial^2 U_{i-S}^{sc}}{\partial^2 \gamma}=\frac{3(e_i-e)^2}{8b}>0$，$\frac{\partial^2 U_{i-S}^{sc}}{\partial^2 e_i}=\frac{3(b+p_c)^2}{8}>0$。

（3）当 $j=N$ 时，$\frac{\partial^2 U_{i-N}^{sc}}{\partial^2 c_i}=\frac{4b}{9}>0$，$\frac{\partial^2 U_{i-N}^{sc}}{\partial^2 c_t}=\frac{\partial^2 U_{E-N}^{sc}}{\partial^2 c_S}=\frac{4b}{9}>0$，$\frac{\partial^2 U_{i-N}^{sc}}{\partial^2 \gamma}=\frac{4(e_i-e)^2}{9}>0$，$\frac{\partial^2 U_{i-N}^{sc}}{\partial^2 e_i}=\frac{4(b+p_c)^2}{9}>0$。

命题 5.2 的证明：比较不同结构下的最优利润。

对于港口

$$U_{E-P}^{p}-U_{E-S}^{p}=\frac{(a+\gamma e-\gamma e_E-bc_E-bc_S-bc_t-be_Ep_c)^2}{16b}\geqslant 0,$$

$$U_{E-P}^{p}-U_{E-N}^{p}=\frac{(a+\gamma e-\gamma e_E-bc_E-bc_S-bc_t-be_Ep_c)^2}{72b}\geqslant 0,$$

$$U_{E-S}^{p}-U_{E-N}^{p}=-\frac{7\ (a+\gamma e-\gamma e_E-bc_E-bc_S-bc_t-be_Ep_c)^2}{144b}\leqslant 0$$

$$U_{L-P}^{p}-U_{L-S}^{p}=\frac{(a+\gamma e-\gamma e_L-bc_L-bc_t-be_Lp_c)^2}{16b}\geqslant 0,$$

$$U_{L-P}^{p}-U_{L-N}^{p}=\frac{(a+\gamma e-\gamma e_L-bc_L-bc_t-be_Lp_c)^2}{72b}\geqslant 0,$$

$$U_{L-S}^{p}-U_{L-N}^{p}=-\frac{7\ (a+\gamma e-\gamma e_L-bc_L-bc_t-be_Lp_c)^2}{144b}\leqslant 0$$

因此有：$U_{i-P}^{p}\geqslant U_{i-N}^{p}\geqslant U_{i-S}^{p}$。

对于船舶

$$U_{E-P}^{s}-U_{E-S}^{s}=-\frac{(a+\gamma e-\gamma e_E-bc_E-bc_S-bc_t-be_Ep_c)^2}{16b}\leqslant 0,$$

$$U_{E-P}^{s}-U_{E-N}^{s}=-\frac{7\ (a+\gamma e-\gamma e_E-bc_E-bc_S-bc_t-be_Ep_c)^2}{9b}\leqslant 0,$$

$$U_{E-S}^{s}-U_{E-N}^{s}=\frac{(a+\gamma e-\gamma e_E-bc_E-bc_S-bc_t-be_Ep_c)^2}{72b}\geqslant 0$$

$$U_{L-P}^{s}-U_{L-S}^{s}=-\frac{(a+\gamma e-\gamma e_L-bc_L-bc_t-be_Lp_c)^2}{16b}\leqslant 0,$$

$$U_{L-P}^{s}-U_{L-N}^{s}=-\frac{7\ (a+\gamma e-\gamma e_L-bc_L-bc_t-be_Lp_c)^2}{9b}\leqslant 0,$$

$$U_{L-S}^{s}-U_{L-N}^{s}=\frac{(a+\gamma e-\gamma e_L-bc_L-bc_t-be_Lp_c)^2}{72b}\geqslant 0。$$

因此有：$U_{i-P}^{s}\leqslant U_{i-N}^{s}\leqslant U_{i-S}^{s}$。

对整个供应链：

$$U_{E-P}^{sc}-U_{E-S}^{sc}=0,$$

$$U_{E-P}^{sc}-U_{E-N}^{sc}=\frac{5(a+\gamma e-\gamma e_E-bc_E-bc_S-bc_t-be_Ep_c)^2}{144b}\geqslant 0$$

$$U_{L-P}^{sc}-U_{L-S}^{sc}=0,$$

$$U_{L-P}^{sc}-U_{L-N}^{sc}=\frac{5(a+\gamma e-\gamma e_L-bc_t-be_Lp_c-bc_L)^2}{144b}\geqslant 0$$

因此有：$U_{i-N}^{sc}\geqslant U_{i-P}^{sc}=U_{i-S}^{sc}$。

命题5.3的证明：比较两种不同技术下的船舶、港口和供应链利润。

$$U_{E-j}^{s}-U_{L-j}^{s}=\tau[-2a-2\gamma e+\gamma(e_E+e_L)+b(c_E+c_L+c_S+2c_t+e_Lp_c+e_Ep_c)][\gamma(e_E-e_L)+b(c_E-c_L+c_S-p_ce_L+p_ce_E)]$$

$$U_{E-j}^{p}-U_{L-j}^{p}=\mu[-2a-2\gamma e+\gamma(e_E+e_L)+b(c_E+c_L+c_S+2c_t+e_Lp_c+e_Ep_c)][\gamma(e_E-e_L)+b(c_E-c_L+c_S-p_ce_L+p_ce_E)]$$

$$U_{E-j}^{sc}-U_{L-j}^{sc}=\omega[-2a-2\gamma e+\gamma(e_E+e_L)+b(c_E+c_L+c_S+2c_t+e_Lp_c+e_Ep_c)][\gamma(e_E-e_L)+b(c_E-c_L+c_S-p_ce_L+p_ce_E)]$$

其中 τ、μ、ω 是常量。

由于 $q>0$，p_c必须满足 $p_c<\frac{a+\gamma e-\gamma e_E-bc_E-bc_S-bc_t}{be_E}$，$p_c<\frac{a+\gamma e-\gamma e_L-bc_L-bc_t}{be_L}$，因此有：如果 $0<p_c<\frac{c_S+c_E-c_L}{e_L-e_E}-\frac{\gamma}{b}$，那么 $U_{E-j}^{p}<U_{L-j}^{p}$，$U_{E-j}^{s}<U_{L-j}^{s}$，$U_{E-j}^{sc}<U_{L-j}^{sc}$

引理 5.3 的证明：

（1）当 $j=P$，S 时，$\frac{\partial T_{i-j}}{\partial c_i}=-\frac{b}{4}e_i<0$，$\frac{\partial T_{i-j}}{\partial c_t}=\frac{\partial T_{E-j}}{\partial c_S}=-\frac{be_E}{4}<0$，$\frac{\partial T_{i-j}}{\partial \theta}=-\frac{b}{4}e_i^2<0$，$\frac{\partial T_{i-j}}{\partial \gamma}=\frac{(e-e_i)e_i}{4}>0$，$\frac{\partial^2 T_{i-j}}{\partial^2 e_i}=-\frac{\gamma+bp_c}{2}<0$。

（2）当 $j=N$ 时，$\frac{\partial T_{i-N}}{\partial c_i}=-\frac{be_i}{3}<0$，$\frac{\partial T_{i-N}}{\partial c_t}=\frac{\partial T_{E-N}}{\partial c_S}=-\frac{be_E}{3}<0$，$\frac{\partial T_{i-N}}{\partial \theta}=-\frac{be_i^2}{3}<0$，$\frac{\partial T_{i-N}}{\partial \gamma}=\frac{(e-e_i)e_i}{3}>0$，$\frac{\partial^2 T_{i-N}}{\partial^2 e_i}=-\frac{2(\gamma+bp_c)}{3}<0$。

命题 5.4 的证明：比较三种权力结构下的碳排放量。

$$T_{i-P}-T_{i-S}=0,$$

$$T_{L-P}-T_{L-N}=-\frac{e_L}{12}(a+\gamma e-\gamma e_L-bc_t-be_Lp_c-bc_L)$$

$$T_{E-P}-T_{E-N}=-\frac{e_E}{12}(a+\gamma e-\gamma e_E-bc_E-bc_S-bc_t-be_Ep_c)$$

由于 $q>0$，p_c 必须满足 $p_c<\frac{a+\gamma e-\gamma e_E-bc_E-bc_S-bc_t}{be_E}$，$p_c<\frac{a+\gamma e-\gamma e_L-bc_L-bc_t}{be_L}$，因此有：$T_{i-P}=T_{i-S}<T_{L-N}$。

命题 5.5 的证明：比较采用不同技术下的碳排放量。

$$T_{E-j}-T_{L-j}=\frac{\begin{array}{c}ae_E+\gamma ee_E-\gamma e_E^2-be_Ec_E-be_Ec_S-be_Ec_t-be_E^2p_c\\-e_La-\gamma e_Le+\gamma e_L^2+be_Lc_t+be_L^2p_c+be_Lc_L\end{array}}{4}$$

假如 $0<p_c<\frac{c_Le_L+c_te_L-c_ee_E-c_Se_E-c_te_E}{(e_E^2-e_L^2)}+\frac{a+\gamma e}{b(e_E+e_L)}-\frac{\gamma}{b}$，$p_c<\frac{c_S+c_E-c_L}{e_L-e_E}-\frac{\gamma}{b}$，那么有：$T_{E-j}<T_{L-j}$，否则 $T_{E-j}\geqslant T_{L-j}$。

命题5.6的证明：比较三种权力结构下的供应链福利。

$$sw_{i-P}-sw_{i-S}=0$$

$$sw_{E-P}-sw_{E-N}=\frac{\left(be_E^2\beta-\frac{5}{7}\right)(a+\gamma e-\gamma e_E-bc_E-bc_S-bc_t-be_Ep_c)^2}{144b}$$

$$sw_{L-P}-sw_{L-N}=\frac{\left(be_L^2\beta-\frac{5}{7}\right)(a+\gamma e-\gamma e_L-bc_t-be_Lp_c-bc_L)^2}{144b}$$

因此，假如 $\beta<\frac{5}{7be_i^{\ 2}}$，那么 $sw_{i-P}=sw_{i-S}\leqslant sw_{i-N}$，否则 $sw_{i-N}\leqslant sw_{i-P}=sw_{i-S}$。

命题5.7的证明：比较采用两种技术下的社会福利。

$$sw_{E-j}-sw_{L-j}=\frac{\begin{array}{c}3[2a+2\gamma e-2bc_t-(\gamma+bp_c)(e_E+e_L)+b(c_L+c_E)-bc_S]\\ [(e_L-e_E)(\gamma+bp_c)+b(c_L-c_E)]-b\beta(a+\gamma e-\gamma e_E-bc_E-bc_S\\ -bc_t-be_Ep_c)^2e_E^2+b\beta(a+\gamma e-\gamma e_L-bc_L-bc_t-be_Lp_c)^2e_L^2\end{array}}{16b}$$

$(j=S,P)$

$$sw_{E-N}-sw_{L-N}=\frac{\begin{array}{c}2[2a+2\gamma e-2bc_t-(\gamma+bp_c)(e_E+e_L)+b(c_L+c_E)-bc_S]\\ [(e_L-e_E)(\gamma+bp_c)+b(c_L-c_E)]-b\beta(a+\gamma e-\gamma e_E-bc_E-bc_S\\ -bc_t-be_Ep_c)^2e_E^2+b\beta(a+\gamma e-\gamma e_L-bc_L-bc_t-be_Lp_c)^2e_L^2\end{array}}{9b}$$

由于 $\beta>0$，因此有：假如 $\beta<\frac{2\varphi}{\sigma}$，那么 $sw_{E-j}<sw_{L-j}$；

假如 $\frac{2\varphi}{\sigma}<\beta<\frac{3\varphi}{\sigma}$，那么 $sw_{E-j}<sw_{L-j}$ $(j=S,\ P)$，$sw_{E-N}>sw_{L-N}$；

假如 $\beta>\frac{3\varphi}{\sigma}$，那么 $sw_{E-j}>sw_{L-j}$。

其中 $\varphi=(bc_E-bc_L+bc_S+c_t+e_E\gamma-\gamma e_L+bp_ce_E-bp_ce_L)(bc_E-2a+bc_L+bc_S+2bc_t-2e\gamma+e_E\gamma+\gamma e_L+bp_ce_E+bp_ce_L)$，

$\sigma=b(bc_Ee_E+bc_Se_E+ae_L-ae_E+bc_te_E-be_Lc_L-bc_te_L-ee_E\gamma+e\gamma e_L-ee_E\gamma+e_E^2\gamma+ee_L\gamma-e_L^2\gamma+bp_ce_E^2-bp_ce_L^2)(bc_Ee_E+bc_Se_E+bc_te_E-ae_E-ae_L+be_Lc_L+bc_te_L-ee_E\gamma+e_E^2\gamma-ee_L\gamma+e_L^2\gamma+bp_ce_E^2+bp_ce_L^2)$。

第六章　岸电减排决策研究

随着全球环境保护意识的提高，船舶作为重要的污染源之一，各国纷纷出台相关政策以控制船舶排放。例如，国际海事组织（IMO）制定了《国际防止船舶污染公约》（MARPOL 公约），该公约包括控制废气排放、船舶废物处理、油污控制以及防止有害物质排放等方面的严格规定，尤其是第六附则，专门针对船舶的废气排放，规定了船舶燃料中的硫含量限制，并对船舶的氮氧化物（NO_x）排放提出了标准。

在此基础上，欧盟进一步加大了对船舶排放的管控力度，实施了更为严格的船舶硫含量限制和港口岸电指令。根据这些法规，欧盟水域内航行的船舶必须使用低硫燃料，或通过安装废气洗涤器等技术手段，降低硫氧化物（SO_x）的排放。此外，欧盟还大力推广港口岸电技术，通过提供电力替代方案，减少船舶在靠港期间的燃油消耗和废气排放。

美国则通过了《北美洲排放控制区域》（ECA）法案，将北美沿海区域划定为排放控制区，要求该区域内航行的船舶使用符合规定的低硫燃料，并对船舶的氮氧化物和硫氧化物排放进行严格限制。这一措施不仅减少了船舶对沿海环境的污染，还有效改善了沿岸地区的空气质量。

中国同样高度重视船舶污染的控制，出台了《中华人民共和国海洋环境保护法》等一系列法律法规，明确规定了船舶在海洋环境中的排放标准。中国还积极推动船舶岸电系统的建设和应用，鼓励船舶在靠港期间使用岸电替代船舶自带的发电设备，从而降低燃油消耗和排放。

这些全球范围内的政策和技术措施，迫使船舶运营企业采取更为积极的环保行动。推广使用岸电技术成为企业应对新规的重要手段之一，因为它不仅可以有效减少船舶排放，还能降低运营成本，提升企业的市场竞争力。岸电作为港航领域节能减排最具前景的新技术，是绿色港口建设的重要内容。在落实推广岸电技术方面，中国有关部门出台了相应的政策，如表 6 - 1 所示。

表 6－1　　　　岸电推广相关政策

年份	发布主体	政策标准	内容
2018 年	交通运输部	《船舶大气污染物排放控制区实施方案》	规定了氮氧化物排放控制要求、硫氧化物和颗粒物排放控制要求和船舶靠港使用岸电要求
2020 年	交通运输部	《绿色港口等级评价指南》	在环境保护污染防治评分一类，具备靠港船舶岸电供应能力并合规一项占比极大
2020 年	交通运输部	《港口和船舶岸电管理办法》	鼓励有关单位对使用岸电的船舶实施优先靠泊、减免岸电服务费、优先过闸或者优先通行等措施

此外，我国政府还对港口和船舶使用岸电进行补贴。交通运输部公布的统计数据显示，中央财政于 2016—2018 年通过车辆购置税收入补助地方资金对沿海和内河港口岸电设备设施建设和船舶受电设备设施改造项目予以奖补，三年来共安排车辆购置税奖励资金 7.4 亿元，支持靠港船舶使用岸电。随着港口运营商的不断探索和政府的有效支持，我国 40% 以上的主要港口都安装了岸电基础设施，为靠泊船舶提供陆上电力。然而，当前岸电改装船舶的渗透率不到中国船舶的 1%，具备受电设施的船舶数量少，船舶岸电使用意愿不高，岸电使用率总体仍然较低。

岸电使用率总体较低，从补贴政策来看，一方面是当前岸电补贴不足，缺乏吸引力。调研发现，对港口的岸电常规性补贴有电价补贴、设施维护补贴、需量费补贴、首次测试费补贴，而运行补贴较少，由于港口岸电设备的特殊性，港口岸电运行成本高，如深圳港一年岸电运行的人工成本约为 300 万元/年，而当前使用岸电船舶较少，收益基本无法支撑如此高的运行成本。另外，船舶进行受电设备改造费用高，近几年各地政府以补贴港口为主，对船舶岸电设备改造的补贴相对较少。另一方面是当前岸电补贴标准不一，缺乏规范和研究。

如深圳和上海对港口岸电设施建设给予30%的补贴，广州则按项目建设费用的50%进行补贴，深圳对深圳籍船舶岸电受电设备按改造费的30%进行资助，而广州与上海则无船舶改造费的资助，如表6－2所示。

表6－2　　　　　深圳、广州、上海三地岸电补贴

城市	文件	对港口的补贴	对船舶的补贴
深圳	深人环规〔2017〕3号：《深圳市绿色低碳港口建设补贴资金管理暂行办法》	按不超过项目建设费用30%的标准资助，对港口岸电设施产生的供电需量费进行全额补贴	船舶进行岸电受电设施改造的，按改造费用的30%进行资助
广州	穗港局〔2019〕33号：《广州市港务局关于印发广州港口船舶排放控制补贴资金实施方案的通知》	港口岸电设施建设补贴为项目建设费用的50%	船舶靠港期间使用岸电设施均按照0.1元每度的优惠价结算电费，结算电费与港口企业岸电电费成本差价由政府补足
上海	沪交科〔2020〕501号：《上海市港口岸电建设方案》	给予30%的节能减排专项补贴，并由港口建设费给予1∶1的配套补贴	优先为使用岸电的靠泊船舶进行港口作业。岸电服务费采用与新加坡普氏公开市场的MDO船用燃料油价格相挂钩的方式确定财政起补贴点

2021年9月《交通运输部关于修改〈港口和船舶岸电管理办法〉的决定》要求“地方各级交通运输（港口）主管部门应当积极争取地方人民政府出台资金补贴、电价优惠等扶持政策，支持码头岸电设施改造和船舶受电设施安装，鼓励船舶靠港使用岸电”。在“3060”“双碳”背景下，探讨政府补贴与港口区域岸电减排的关系，为港口与船舶岸电减排决策和政府制订补贴政策提供理论支持，具有重要现实意义。

岸电技术可以有效减少港口船舶污染物排放，近年来备受关注。

Kotrikla 等探讨了使用岸电设备和可再生能源的潜力。Innes 等从控制总成本和排放的角度，分析了在中小型港口采用岸电设备的前景。Martínez – López 等采用一种估算港口特定环境收费的计算方法，来激励短程海运船舶使用岸电；Reusser 等评估了船舶在泊位使用岸电技术时，采用双向功率流控制策略的排放影响，从而优化辅机的运行廓线；Martínez – López 等采用计量方法，以货币形式评估了岸电和 LNG 在瑞士的减排效果；Zis 研究表明，只要管理机构协助船舶经营者和港口进一步采用岸电技术，那么岸电是一个可行的减少排放的选择；Dariusz 等介绍了内陆电力供应船舶系统设计的建议、标准和规定。董晓青认为政府应该采取相应的激励政策，促进港口的生态环境建设，如税收减免政策、环保补偿机制、“绿色补贴”政策等。李勇等对浙江省某港口及船舶岸电改造的成本进行估算，分析国家补贴政策对港口及船舶岸电改造成本回收年限的影响，研究得出，政府对岸电改造港口的补贴政策对于岸电改造港口和船舶是十分重要的。冯华等以南沙港三期工程为例，采用单一变量法，系统地分析了船舶岸电改造成本回收年限与国家补贴之间的相互关系，根据港口和船舶的成本回收年限可接受限度，求得了国家补贴的最小限额。

当前，关于岸电的研究工作多是技术层面的分析和应用层面的介绍，单一地从技术、成本方面定量分析其可行性，而没有考虑到政府的补贴机制和其他利益参与者的决策情况进行研究，事实上，岸电减排可以看作一类由港口和船舶构成的供应链系统，完全可以从供应链视角来进行研究。

综上所述，基于岸电技术特点，结合前人研究，从供应链视角，构建政府、港口、船舶的三阶段博弈模型，采用博弈方法研究港口和船舶岸电减排决策行为及政府补贴策略，为岸电推广和使用提供理论支撑。

6.1　问题描述与假设

岸电技术可以有效降低靠港船舶的排放，是港口减排的重要手段，但使用岸电，港口需要进行岸电设施设备改造，而船舶也要进行受电设备改造，且改造费用高。从企业经济效益角度考虑，无论是港口还是船舶都不会主动进行岸电改造，当前政府通过补贴推动船舶使用岸电，那么政府该如何进行补贴？港口与船舶在市场中的地位是否影响减排决策？基于此，本章针对实际中的难点，重点研究政府补贴下，港口和船舶在不同博弈结构下的需求量、减排成本、收益等指标，探讨政府补贴、港口与船舶决策地位对港航企业减排策略的影响。相关参数含义如表 6－3 所示。

表 6－3　　博弈模型下的符号说明

<table>
<tr><th>类别</th><th>港口</th><th>船舶</th></tr>
<tr><td>决策变量</td><td>w：港口装卸每单位 TEU 的价格/元</td><td>m：每单位 TEU 的利润/元</td></tr>
<tr><td rowspan="11">非决策变量</td><td>p：船舶运输每单位 TEU 的市场价格/元</td><td></td></tr>
<tr><td>c：港口提供每单位服务产生的成本/元</td><td rowspan="2">l_1：船舶装卸每单位货物的靠港停泊时间/h</td></tr>
<tr><td>W：岸电功率/kW</td></tr>
<tr><td>p_n：港口向电力公司购买的岸电价格/（元/kW·h）</td><td>l_2：船舶靠港时与港口岸电设备的连接时间/h</td></tr>
<tr><td rowspan="2">p_m：船舶向港口购买的岸电价格/（元/kW·h）</td><td>W_a：船舶辅机功率/kW</td></tr>
<tr><td>λ：船舶辅机利用率</td></tr>
<tr><td>c_g：港口岸电改造建造成本/万元</td><td rowspan="2">r：辅机燃油消耗率/（g/kW·h）</td></tr>
<tr><td>c_S：船舶岸电改造建造成本/万元</td></tr>
<tr><td>p_c：单位排放产生的社会成本/（元/吨 CO_2）</td><td rowspan="2">E_s：辅机排放因数/（g/kW·h）</td></tr>
<tr><td>a：常数</td></tr>
</table>

续表

类别	港口	船舶
非决策变量	b：服务差异化水平的倒数（服务相似度水平）$(0<b)$	p_a：辅机燃油价格/(元/t)
	q：货物需求量/万吨	
	θ：政府给船舶使用岸电价格的补贴/(元/kW·h)	
	U_g：港口的利润/万元	
	U_s：船舶的利润/万元	
	U_{sc}：供应链的整体利润/万元	
	SW：社会福利/万元	
	T：表示供应链的整体排放量/万吨	

为便于分析，做如下两个假设。

假设 6.1：需求是市场服务价格的线性函数，即 $q=a-bp=a-b(m+w)(a>0,\ b>0)$。

线性需求函数被广泛应用于港口供应链的研究中，如 Cui H 等基于线性需求假设，分析了政府对船舶和港口征收一定的排污税以控制港区排污的情况；Yang 等比较了碳交易下的港口减排技术决策；桑高峰等应用博弈模型，研究了碳税政策下港口与船舶减排决策问题。

假设 6.2：港口和船舶具有完全信息，双方都是理性博弈参与者。

6.2 模型建立

政府、港口、船舶组成一个供应链系统，使用岸电减排，政府首先制订补贴政策，港口与船舶在观测到政府补贴政策后决策运费价格、港口服务价格以及产出。

构建模型如下：

$$q = a - bp = a - b(m + w) \tag{6-1}$$

$$U_s = mq - 10^{-6}l_2p_a\lambda rw_a - W(l_1q - l_2)p_m(1-\theta) - c_s \tag{6-2}$$

$$U_g = (w - c)q + W(l_1q - l_2)(p_m - p_n) - c_g \tag{6-3}$$

$$SW = U_s + U_g - p_c(10^{-6}l_2\lambda rw_aE_s) - W(l_1q - l_2)p_m\theta \tag{6-4}$$

$$T = 10^{-6}l_2\lambda rw_aE_s \tag{6-5}$$

式（6－2）中：$10^{-6}l_2p_a\lambda rw_a$为船舶靠港后，船舶与港口岸电设备连接的时间段内，由辅机燃油发电产生的燃油成本；$W(l_1q - l_2)p_m$为船舶与港口连接后使用岸电设备发电的成本。

式（6－3）中：$W(l_1q - l_2)(p_m - p_n)$ 为港口与船舶连接后，港口向船公司收取使用岸电的费用；c_g为港口岸电改造成本。

式（6－4）中：$p_cl_2\lambda rw_aE_s$为船舶靠港停泊连接岸电期间的排放量的负效应。

6.3　模型求解

博弈论通常用于分析不同权力结构下供应链成员之间的协调。Yang 等研究了在一个供应商和一个零售商组成的两级供应链中，低碳政策对渠道协调的影响。Qian 等研究了由一个技术供应商和两个制造企业组成的供应链，结果表明，非对称纳什博弈可以有效地避免技术投资的囚徒困境，可使包括技术供应商、制造企业和消费者在内的社会福利最大化。Ghosh 等建立了斯塔克尔伯格博弈和纳什博弈，探讨了渠道结构如何影响绿色水平、价格和利润。借鉴上述文献，考虑港口与船公司在市场中地位的不同，探讨三种博弈模型：一是港口主导的斯塔克尔伯格博弈；二是船舶主导的斯塔克尔伯格博弈；三是港口与船舶处于同等地位的纳什博弈，分别用上标 1、2、3 表示这三种博弈模型。采用逆向归纳法求解不同结构模型下的政府最优补贴、价格、利润、排放量，并对这三种情形下的最优决策进行分析。

6.3.1 港口主导的斯塔克尔伯格博弈

第一阶段：在政府补贴政策和港口服务价格前提下，船公司追求自身利润最大化，即求式（6－2）的最大值，由于$\frac{\partial^2 U_s}{\partial m^2}=-2b$，根据$\frac{\partial U_s}{\partial m}=0$，得到：

$$m=\frac{a-bw+bl_1p_mW(1-\theta)}{2b} \tag{6-6}$$

第二阶段：港口追求自身利润最大化，将式（6－6）代入式（6－3），由于$\frac{\partial^2 U_g}{\partial w^2}=-b$，结合$\frac{\partial U_g}{\partial w}=0$，得到：

$$w=\frac{a+bc-2bl_1p_mW+bl_1p_nW+bl_1p_mW\theta}{2b} \tag{6-7}$$

第三阶段：政府社会福利最大化，即求式（6－4）的最大值，由于$\frac{\partial^2 SW}{\partial \theta^2}<0$，结合$\frac{\partial SW}{\partial \theta}=0$，可得：

$$\theta^1=\frac{a-b(c+l_1p_nW)}{bl_1p_mW},\ p^1=\frac{a+bc+l_1p_nW}{2b},\ w^1=\frac{a}{b}-l_1p_mW,$$
$$m^1=\frac{b[c+l_1(2p_m+p_n)W]-a}{2b},\ q^1=\frac{1}{2}[a-b(c+l_1p_nW)] \tag{6-8}$$

由于$q>0$，故有$a-b(c+l_1p_nW)>0$。

从而可得最优利润：

$$U_g^1=\frac{1}{2b}\{[a-b(c+l_1p_nW)]^2-2b[c_g+l_2(p_m-p_n)W]\} \tag{6-9}$$

$$U_s^1=\frac{1}{4bl_1}\{l_1[a-b(c+l_1p_nW)]^2-4al_2-4bc_sl_1+$$

$$4bl_2(c+l_1p_nW+l_1p_mW-10^{-6}l_1p_a\lambda rw_a)\} \quad (6-10)$$

$$SW^1=\frac{1}{4b}\{[a-b(c+l_1p_nW)]^2-4b(c_g+c_S-l_2p_nW$$

$$+10^{-6}l_2p_a\lambda rw_a+10^{-6}l_2p_c\lambda w_aE_s)\} \quad (6-11)$$

$$U_{sc}^1=U_g^1+U_s^1 \quad (6-12)$$

6.3.2 船舶主导的斯塔克尔伯格博弈

第一阶段：在政府补贴政策和船舶运输价格的前提下，港口追求自身利润最大化，对于式（6－3），由于$\frac{\partial^2 U_g}{\partial w^2}=-2b$，结合$\frac{\partial U_g}{\partial w}=0$，可得港口最优服务价格为：

$$w=\frac{a+bc-bm-bl_1p_mW+bl_1p_nW}{2b} \quad (6-13)$$

第二阶段：在第一阶段基础上，船公司追求自身利润最大化，将式（6－13）代入式（6－2），由于$\frac{\partial^2 U_s}{\partial m^2}=-b$，根据$\frac{\partial U_s}{\partial m}=0$可以得到：

$$m=\frac{a-bc+2bl_1Wp_m-bl_1Wp_m\theta-bl_1p_nW}{2b} \quad (6-14)$$

第三阶段：政府最大化社会福利，对于式（6－4），由于$\frac{\partial^2 SW}{\partial\theta^2}<0$，结合$\frac{\partial SW}{\partial\theta}=0$，可得：

$$\theta^2=\frac{a-b(c+l_1p_nW)}{bl_1p_mW},\ p^2=\frac{a+bc+l_1p_nW}{2b},\ m^2=l_1p_mW$$

$$w^2=\frac{a+b[c+l_1(p_n-2p_m)W]}{2b},\ q^2=\frac{1}{2}[a-b(c+l_1p_nW)] \quad (6-15)$$

从而可得最优利润：

$$U_g^2=\frac{1}{4b}[(a-b(c+l_1p_nW)]^2-4b[c_g+l_2(p_m-p_n)W)] \tag{6-16}$$

$$U_s^2=\frac{1}{2bl_1}\{l_1[a-b(c+l_1p_nW)]^2-2l_2a-2bc_sl_1$$
$$-2bl_2(c+l_1p_mW+l_1p_nW-10^{-6}l_1p_a\lambda rw_a)\} \tag{6-17}$$

$$U_{sc}^2=U_g^2+U_s^2 \tag{6-18}$$

$$SW^2=\frac{1}{4b}\{(a-b(c+l_1p_nW)]^2-4(c_g+c_s-l_2p_nW$$
$$+10^{-6}l_2p_a\lambda rw_a+10^{-6}l_2p_c\lambda w_aE_s)\} \tag{6-19}$$

6.3.3 港口与船舶处于同等地位的纳什博弈

第一阶段，在政府补贴政策下，港口追求自身利润最大化，对于式（6－3），由于$\frac{\partial U_g}{\partial w}=0$，可得港口最优服务价格为：

$$w=\frac{a+bc-bm-bl_1p_mW\theta+bl_1p_nW\theta}{2b} \tag{6-20}$$

同样地，船公司使用岸电的目标是追求自身利润最大化，对于式（6－2），由于$\frac{\partial U_s}{\partial m}=0$，可得：

$$m=\frac{a-bw+bl_1p_mW-bl_1p_mW\theta}{2b} \tag{6-21}$$

联立式（6－20）和式（6－21）求解可得：

$$m^3=l_1p_mW,w^3=\frac{a+b(c-2l_1p_mW+l_1p_nW)}{2b} \tag{6-22}$$

第二阶段，政府最大化社会福利，即求式（6－23）的最大值。

$$SW=U_s+U_g-10^{-6}p_cl_2\lambda rw_aE_s-W(l_1q-l_2)p_m\theta \tag{6-23}$$

由于$\frac{\partial^2 SW}{\partial\theta^2}<0$，结合$\frac{\partial SW}{\partial\theta}=0$，可得：

$$\theta^3=\frac{a-b(c+l_1p_nW)}{2l_1p_mW},p^3=\frac{a+b(c+l_1p_nW)}{2b} \tag{6-24}$$

$$U_g^3=\frac{1}{4b}\{[a-b(c+l_1p_nW)]^2-4bc_g+4bl_2(p_m-p_n)W\} \tag{6-25}$$

$$U_s^3=\frac{1}{4bl_1}\{l_1(a-b(c+l_1p_nW)^2-2al_2+2b[l_2(c+2l_1p_mW+l_1p_nW-2\times10^{-6}l_1p_a\lambda rw_a)-2c_sl_1]\} \tag{6-26}$$

$$U_{sc}^3=U_g^3+U_s^3 \tag{6-27}$$

$$SW^3=\frac{1}{4b}\{[a-b(c+l_1p_nW)]^2-4b(c_g+c_S-l_2p_nW+10^{-6}l_2p_a\lambda rw_a+10^{-6}l_2p_c\lambda w_aE_s)\} \tag{6-28}$$

6.4　结果分析

6.4.1　利润分析

（1）将不同博弈结构下服务价格和需求量进行比较：

$$m^1-m^2=\frac{b(c+l_1p_nW)-a}{2b},m^3-m^2=0 \tag{6-29}$$

$$w^1-w^2=\frac{a-b(c+l_1p_nW)}{2b},w^3-w^2=0 \tag{6-30}$$

$$p^1-p^2=0,p^2-p^3=0,q^1-q^2=0,q^2-q^3=0 \tag{6-31}$$

可得命题6.1：

$$p^1=p^2=p^3,q^1=q^2=q^3,m^1<m^2=m^3,w^1>w^2=w^3 \tag{6-32}$$

命题6.1表明，港口与船舶组成的供应链中，三种博弈结构下的服务价格、服务量是不变的，即政府对船舶使用岸电电价进行补贴时，不同博弈结构不会影响整体供应链的服务价格、服务量。不管是船舶还是港口，处于主导地位的一方，更倾向于提高价格以获得更多利润。

（2）将不同博弈结构下供应链整体利润进行比较：

$$U_{sc}^{1}-U_{sc}^{2}=0,$$

$$U_{sc}^{3}-U_{sc}^{2}=-\frac{[a-b(c+l_1p_nW)]\{l_1[a-b(c+l_1p_nW)]-2l_2\}}{4bl_1} \tag{6-33}$$

可得命题6.2：

$$\text{当}\frac{al_1-bl_1(c+l_1p_nW)}{2}=l_2\text{时，}U_{sc}^{3}=U_{sc}^{2}=U_{sc}^{1} \tag{6-34}$$

$$\text{当}\frac{al_1-bl_1(c+l_1p_nW)}{2}>l_2\text{时，}U_{sc}^{3}<U_{sc}^{2}=U_{sc}^{1} \tag{6-35}$$

$$\text{当}\frac{al_1-bl_1(c+l_1p_nW)}{2}<l_2\text{时，}U_{sc}^{3}>U_{sc}^{2}=U_{sc}^{1} \tag{6-36}$$

命题6.2表明，在港口与船舶组成的供应链中，当$l_2=\frac{al_1-bl_1(c+l_1p_nW)}{2}$时，三种博弈结构下的总利润不变；当$l_2<\frac{al_1-bl_1(c+l_1p_nW)}{2}$时，一方处于主导地位的供应链总利润不变，且大于港口与船舶双方处于同等地位的供应链总利润。当$\frac{al_1-bl_1(c+l_1p_nW)}{2}<l_2$时，双方处于同等地位的供应链整体利润最大。随着岸电技术的进一步发展，港口岸电服务效率将进一步提高，船舶接岸电的时间将会越来越短，从供应链整体利润最大化角度，港口或是船舶一方处于主导地位的市场结构是优选。

（3）将不同博弈结构下船舶、港口利润进行比较。

$$U_g^3 - U_g^2 = 0,$$

$$U_g^1 - U_g^2 = \frac{[a - b(c + l_1 p_n W)]^2}{4b}, \tag{6-37}$$

$$U_s^3 - U_s^1 = \frac{l_2[a - b(c + l_1 p_n W)]}{2bl_1}$$

$$U_s^2 - U_s^1 = \frac{[a - b(c + l_1 p_n W)]^2}{4b},$$

$$U_s^3 - U_s^2 = -\frac{[a - b(c + l_1 p_n W)]\{l_1[a - b(c + l_1 p_n W)] - 2l_2\}}{4bl_1} \tag{6-38}$$

可得命题3：

$$U_g^1 > U_g^2 = U_g^3 \tag{6-39}$$

$$\text{当}\frac{al_1 - bl_1(c + l_1 p_n W)}{2} > l_2\text{时，}U_s^1 < U_s^3 < U_s^2 \tag{6-40}$$

$$\text{当}\frac{al_1 - bl_1(c + l_1 p_n W)}{2} < l_2\text{时，}U_s^3 > U_s^2 > U_s^1 \tag{6-41}$$

命题6.3表明，港口处于主导地位时，更倾向于提高价格以获得更多利润，这时港口利润大于其他两种情形下的。结合命题6.2的分析，当接岸电时间较短$\left[l_2 < \frac{al_1 - bl_1(c + l_1 p_n W)}{2}\right]$时，港口处于主导地位的博弈结构，可以使供应链整体利润达到最优。因此，港口的最优策略是：一方面，要提高岸电服务效率，缩短岸电服务时间；另一方面，应选择处于主导地位的市场结构。此时，不但港口与船舶供应链的整体利润最大，而且港口的利润也达到最优。而船舶利润则受岸电接电时间和停泊时间的影响，当船舶接岸电时间较短时$\left[l_2 < \frac{al_1 - bl_1(c + l_1 p_n W)}{2}\right]$，纳什博弈情形下的船舶利润小于

船舶处于主导地位情形，但大于港口处于主导地位情形。而当船舶接岸电时间较长时$\left[l_2 > \frac{al_1 - bl_1(c + l_1 p_n W)}{2}\right]$，纳什博弈情形下的船舶利润最大。

6.4.2 补贴分析

将不同博弈结构下政府最优补贴进行比较：

$$\theta^1 - \theta^2 = 0, \theta^3 - \theta^2 = -\frac{a - b(c + l_1 p_n W)}{2bl_1 p_m W} \tag{6-42}$$

可得命题6.4：

$$\theta^3 < \theta^2 = \theta^1 \tag{6-43}$$

命题6.4表明，港航供应链中，当船舶与港口双方处于同等地位时，政府的补贴最少，船舶处于主导地位或港口处于主导地位两种情形下的政府补贴不变。作为政府监管部门，应鼓励船舶与港口双方处于同等地位的市场结构，从而可以采用最低的补贴，推动港口与船舶减排。

6.4.3 排放量分析

将不同博弈结构下的排放量进行比较：

$$T^1 - T^2 = 0, T^1 - T^3 = 0 \tag{6-44}$$

可得命题6.5：

$$T^1 = T^2 = T^3 \tag{6-45}$$

船舶靠港使用岸电，这时船舶的主要排放是进行岸电连接操作时使用燃油而产生的排放，由于接岸电的时间是不变的，故供应链的整体排放量是不变的。

6.4.4 社会福利分析

$$SW^1 - SW^2 = 0, SW^2 - SW^3 = 0 \tag{6-46}$$

可得命题 6.6：

$$SW^1 = SW^3 = SW^2 \tag{6-47}$$

命题 6.4、命题 6.5、命题 6.6 表明，港口与船舶组成的供应链中，使用岸电时，三种博弈结构下的社会福利、排放量是不变的。也就是说，三种博弈结构下，虽然政府补贴不相同，但供应链的社会福利与排放量是一样的。从补贴最小角度，政府应鼓励船舶与港口双方处于同等地位情形，这样就可以以最少的补贴，推动港口与船舶使用岸电减排，获得最大的社会福利。

6.4.5 敏感性分析

$$\begin{gathered}\frac{\partial \theta^3}{\partial l_1} = -\frac{a - bc}{2b\, l_1^2 p_m W}, \\ \frac{\partial \theta^1}{\partial l_1} = \frac{\partial \theta^2}{\partial l_1} = -\frac{a - bc}{b\, l_1^2 p_m W}, \quad \frac{\partial \theta^3}{\partial c} = -\frac{1}{2 l_1 p_m W}\end{gathered} \tag{6-48}$$

$$\begin{gathered}\frac{\partial \theta^3}{\partial a} = \frac{1}{2b l_1 p_m W}, \quad \frac{\partial \theta^3}{\partial b} = -\frac{a}{2\, b^2 l_1 p_m W}, \\ \frac{\partial \theta^3}{\partial p_m} = \frac{b(c + l_1 p_n W) - a}{2b l_1 p_m^2 W}, \quad \frac{\partial \theta^3}{\partial W} = -\frac{a - bc}{2b l_1 p_m W^2}\end{gathered} \tag{6-49}$$

可得命题 6.7：

$$\frac{\partial \theta^3}{\partial l_1} < 0, \quad \frac{\partial \theta^3}{\partial a} > 0, \quad \frac{\partial \theta^3}{\partial b} < 0, \quad \frac{\partial \theta^3}{\partial p_m} < 0, \quad \frac{\partial \theta^3}{\partial W} < 0, \quad \frac{\partial \theta^3}{\partial c} < 0 \tag{6-50}$$

命题 6.7 表明，政府补贴与市场规模 a 成正向关系，在其他条件不变的情况下，市场规模增加，则补贴增加。而补贴与船舶靠港停泊时间l_1、船舶成本c、岸电功率W、岸电价格p_m、服务差异化水平的倒数b成反向关系，即船舶靠港时间越长，补贴越少，岸电价格升高，则补贴减少，岸电功率增加，则补贴降低。服务差异化水平增大，补贴减少。

6.5 本章小结

本章采用博弈方法，建立了港口与船舶在政府补贴政策下使用岸电的博弈模型，探讨不同博弈结构下的岸电减排决策，结果表明：三种博弈结构下的社会福利和排放量是一样的。当港口与船舶处于同等地位时，政府补贴最小，因此，从补贴最小的角度，政府应鼓励港口与船舶处于同等地位情形；当$l_2 < \frac{al_1 - bl_1(c + l_1 p_n W)}{2}$时，一方处于主导地位的供应链总利润不变，且大于港口与船舶双方处于同等地位的供应链总利润。当$\frac{al_1 - bl_1(c + l_1 p_n W)}{2} < l_2$时，博弈双方处于同等地位下的供应链整体利润最大。当港口处于主导地位时，更倾向于提高价格以获得更多利润，这时港口利润大于其他两种情形下的。因此，对于港口而言，其最优策略是：一方面要提高岸电服务效率，缩短岸电接电时间，另一方面可以通过组合港、区域港口合作、港口联盟等方式，增加主导权，处于市场主导地位。船舶利润则受岸电接电时间和停泊时间的影响，当船舶接岸电时间较短时$\left[l_2 < \frac{al_1 - bl_1(c + l_1 p_n W)}{2}\right]$，博弈双方处于同等地位的船舶利润小于船舶处于主导地位情形，但大于港口处于主导地位情

形。而当船舶接岸电时间较长时$\left[l_2 > \frac{al_1 - bl_1(c + l_1 p_n W)}{2}\right]$，港口与船舶处于同等地位情形下的船舶利润最大。

用博弈方法分析政府补贴下的港口与船舶岸电减排决策问题。考虑到了政府的补贴机制的影响，以及利益相关者的动态变化过程，改变了以往只是单一地采用定价模型分析岸电使用问题，具有现实意义。本书中，考虑了由一个港口和一家船公司组成的供应链，而现实实际中，港口供应链可能需要考虑多个船公司。另外，基于市场需求线性假设基础上进行的研究，尽管该假设在相关文献中被广泛使用，但其他一些需求函数，如随机需求等仍然可以考虑。

参考文献

［1］ 崔柳．港口如何帮助海运业减少碳排放？https：//www.163. com/dy/article/DFS02DF10519CUIJ. html. 2018 －04 －20，2024 －08 －09.

［2］ Vaishnav P，Fischbeck P S，Morgan M G，etal. Shore Power for Vessels Calling at USP or ts – Benefits and Costs ［J］. Environmental Science & amp；Technology，2015：acs. est. 5b04860.

［3］ 黄文玉．国内岸电市场规模分析及岸电行业整体现状分析．央视新闻中研报告 . https：//www. chinairn. com/news/20221205/140934837. shtml. 2022 －12 －05.

［4］ 李玲．主要港口岸电设施覆盖率已达40%船舶受电设施覆盖率却不足1% ［N/OL］. 中国能源报，2019 年 1 月 14 日（3）.（2019 －01 －16）.［2024 －08 －16］. https：//m. bjx. com. cn/ mnews/20190116/956825. shtml.

［5］ 第一财经．港口和船舶岸电管理新规酝酿，不用或不提供岸电都要受罚 . http：//news. sol. com. cn/html/2024 －04 －02/A162AA15F87DE363E. shtml. 2024 －04 －02.

［6］ Pan S，Ballot E，Fontane F. The reduction of greenhouse gas emissions from freight transport by pooling ［J］. Int. J. Production Economics，2013：86 －94.

[7] Sheu J - B. Airline ambidextrous competition under an emissions trading scheme: a reference - dependent behavioral perspective [J]. Transportation Research Part B, 2014, 60: 115 - 145.

[8] 冯璐，王厚启．船舶成我国第三大大气污染源．http://jjckb.xinhuanet.com/2015 - 07/20/c_134426318.htm，2015 - 07 - 20.

[9] Botana, Carlos, Emilio Fernández, and Gumersindo Feijoo. Towards a green port strategy: The decarbonisation of the port of vigo (nw spain) [J]. Science of the Total Environment, 2023 (856): 159198.

[10] Garg, Chandra Prakash, Vishal Kashav, and Xuemuge Wang. Evaluating sustainability factors of green ports in China under fuzzy environment [J]. Environment, Development and Sustainability, 2023, 25 (8): 7795 - 7821.

[11] Clemente, Daniel, et al. Blue seaports: The smart, sustainable and electrified ports of the future [J]. Smart Cities, 2023, 6 (3): 1560 - 1588.

[12] 叶善椿，何景师．广东省港口高质量发展与绿色经济耦合协调及影响因素研究 [J]．上海海事大学学报，2024，45 (1): 77 - 84.

[13] 刘惠明．绿色港航码头建设与可持续发展探讨 [J]．工程学研究与实用，2024，5 (12): 157 - 159.

[14] Cho, Hyuk - soo. Determinants and Effects of Logistics Costs in Container Ports: The Transaction Cost Economics Perspective [J]. The Asian Journal of Shipping and Logistics, 2014, 30 (2): 193 - 215.

[15] Lam J, Voorde EVD. Green Port Strategy for Sustainable Grow than Development [C] //International Forumon Shipping, Ports & Airports: Transport Logistics for Sustainable Grow that A New Level. 2012.

[16] Yang L, Cai Y, Zhong X, et al. A carbon emission evaluation

for an integrated logistics system—A case study of the port of Shenzhen [J]. Sustainability, 2017, 9 (3): 462.

[17] Jiang B, Li J, Mao X. Container port smultimodal transport in China from the view of low carbon [J]. The Asian Journal of Shipping and Logistics, 2012, 28 (3): 321 -343.

[18] Lin C Y, Dai G L, Wang S, et al. The Evolution of Green Port Research: A Knowledge Mapping Analysis [J]. Sustainability, 2022, 14 (19): 11857.

[19] Hua C, Chen J, Wan Z, et al. Evaluation and governance of green development practice of port: A sea port case of China [J]. Journal of Cleaner Production, 2020, 249: 119434.

[20] Zhao D, Bao T, Cullinane K, et al. Green port performance evaluation under uncertainty: a multiple attribute group decision analysis [J]. International Journal of Shipping and Transport Logistics, 2021, 13 (1 -2): 130 -155.

[21] Tan Z, Zhang Q, Yuan Y, et al. A decision method on yard cranes transformation and deployment in green ports [J]. International Transactions in Operational Research, 2022, 29 (1): 323 -346.

[22] Chen L, Yip T L, Mou J. Provision of Emission Control Area and the impact on shippin groute choice and ship emissions [J]. Transportation Research Part D: Transport and Environment, 2018, 58: 280 -291.

[23] Weng J, Han T, Shi K, et al. Impact analysis of ECA policies on ship trajectories and emissions [J]. Marine Pollution Bulletin, 2022, 179: 113687.

[24] Tan Z, Liu H, Shao S, et al. Efficiency of Chinese ECA policy on the coastal emission with evasion behavior of ships [J]. Ocean &

Coastal Management, 2021, 208: 105635.

[25] Liu H, Jin X, Wu L, et al. The impact of marine shipping and its DECA control on air quality in the Pearl River Delta, China. [J]. Science of the Total Environment, 2018, 625: 1476 - 1485.

[26] Shi K, Weng J, Li G. Exploring the effectiveness of ECA policies in reducing pollutant emissions from merchant ships in Shanghai port waters [J]. Marine pollution bulletin, 2020, 155: 111164.

[27] Zhang Q, Liu H, Wan Z. Evaluation on the effectiveness of ship emission control area policy: Heterogeneity detection with the regression discontinuity method [J]. Environmental Impact Assessment Review, 2022, 94: 106747.

[28] Elmi Z, Li B, Fathollahi - Fard A M, et al. Ship schedule recovery with voluntary speed reduction zones and emission control areas [J]. Transportation Research Part D: Transport and Environment, 2023, 125: 103957.

[29] Qu S., Yang H., Ji Y. Low - carbon supply chain optimization considering warranty period and carbon emission reduction level under cap - and - trade regulation [J]. Environment, Development and Sustainability, 2021, 23: 18040 - 18067.

[30] Wang X., Sethi S P., Chang S. Pollution abatement using cap - and - trade in a dynamic supply chain and its coordination. Transportation Research Part E: Logistics and Transportation Review [J]. 2022, 158, 102592.

[31] Zhou, Y., Zhang, Y., Ma, D., et al. Port - related emissions, environmental impacts and their implication on green traffic policy in Shanghai [J]. Sustainability, 2020, 12: 4162.

[32] Sheu J - B. Airline ambidextrous competition under an emis-

sions trading scheme: a reference – dependent behavioral perspective [J]. Transportation Research Part B, 2014, 60: 115 –145.

[33] Anger A, Köhler J. Including aviation emissions in the EU ETS: much ado about nothing? A review [J]. Transport Policy, 2010, 17: 38 –46.

[34] Meleo L, Nava C R, Pozzi C. Aviation and the costs of the European Emission Trading Scheme: the case of Italy [J]. Energy Policy, 2016, 88: 138 –147.

[35] Wang Kun, Fu Xiaowen, Luo Meifeng. Modeling the impacts of alternative emission trading schemes on international shipping [J]. Transporta – tion Research Part A, 2015, 77: 35 –49.

[36] Woo J – K, Moon D S H, Lam J S L. The impact of environmental policy on ports and the associated economic opportunities [J]. Transportation Research Part A, 2018, 110: 234 –242.

[37] 王日金，孟燕萍．考虑低碳偏好和碳交易的港口减排策略[J]．上海海事大学学报，2020 (2).

[38] Zhu M, Yuen K F, Ge J W, et al. Impact of maritime emissions trading system on fleet deployment and mitigation of CO_2 emission [J]. Transportation Research Part D – Transport and Environment, 2018, 62: 474 –88.

[39] Dai W L, Fu X W, Yip T L, et al. Emission charge and liner shipping network configuration – An economic investigation of the Asia – Europe route [J]. Transportation Research Part A – Policy and Practice, 2018, 110: 291 –305.

[40] Gu YW, Wallace SW, Wang X. Can an Emission Trading Scheme really reduce CO_2 emissions in the short term? Evidence from a maritime fleet composition and deployment model [J]. Transportation

Research Part D – Transport and Environment, 2019, 74: 318 – 38.

[41] Sun Z, Xu Q, Liu J. Dynamic Incentive Contract of Government for Port Enterprises to Reduce Emissions in the Blockchain Era: Considering Carbon Trading Policy [J]. Sustainability, 2023, 15 (16): 12148.

[42] Sun Y, Zheng J, Yang L, et al. Allocation and trading schemes of the maritime emissions trading system: liner shipping route choice and carbon emissions [J]. Transport Policy, 2024, 148: 60 – 78.

[43] Zhou X, Dai L, Hu H, et al. An environmental and economic investigation of shipping network configuration considering the maritime emission trading scheme [J]. Ocean & Coastal Management, 2024, 249: 107013.

[44] He Y, Zhu Y. Comprehensive Benefit Analysis of Port Shore Power Based on Carbon Trading [J]. Energies, 2023, 16 (6): 2755.

[45] Christodoulou A, Cullinane K. The prospects for, and implications of, emissions trading in shipping [J]. Maritime Economics & Logistics, 2024, 26 (1): 168 – 184.

[46] Yu S, Zheng S, Gao S, et al. A multi – objective decision model for investment in energy savings and emission reductions in coal mining [J]. European Journal of Operational Research, 2017, 260 (1): 335 – 347.

[47] Krass D, Nedorezov T, Ovchinnikov A. Environmental Taxes and the Choice of Green Technology [J]. Production and Operations Management, 2013, 22 (5): 1035 – 1055.

[48] Gong X, Zhou S X. Optimal production planning with emissions trading [J]. Operations Research, 2013, 61 (4): 908 – 924.

[49] Hong Z, Chu C, Yu Y. Dual - mode production planning for manufacturing with emissioncons traints [J]. European Journal of Operational Research, 2016, 251 (1): 96 - 106.

[50] Drake D F, Kleindorfer P R, Van Wassenhove L N. Technology choice and capacity portfolio sunder emissions regulation [J]. Production and Operations Management, 2016, 25 (6): 1006 - 1025.

[51] Yang Y, Nie P. Subsidy for clean innovation considered technological spillover [J]. Technological Forecasting and Social Change, 2022, 184, Article ID 121941.

[52] Meng Q, Wang Y, Zhang Z, et al. Supply chain green innovation subsidy strategy considering consumer heterogeneity [J]. Journal of Cleaner Production, 2021, 281, Article ID 125199.

[53] Huang S, Fan Z P, Wang N. Green subsidy modes and pricing strategy in a capital - constrained supply chain [J]. Transportation Research Part E: Logistics and Transportation Review, 2020, 136, Article ID 101885.

[54] Gu X, Zhou L, Huang H, et al. Electric vehicle battery secondary use under government subsidy: A closed - loop supply chain perspective [J]. International Journal of Production Economics, 2021, 234, Article ID 108035.

[55] Wang Y, Fan R, Shen L, et al. Recycling decisions of low - carbon e - commerce closed - loop supply chain under government subsidy mechanism and altruistic preference [J]. Journal of Cleaner Production, 2020, 259, Article ID 120883.

[56] Chen Z, Xiao X, Nie P. Renewable energy hybrid subsidy combining input and output subsidies [J]. Environmental Science and Pollution Research, 2021, 28 (8): 9157 - 9164.

[57] Mondal C, Giri B C. Investigating strategies of a green closed – loop supply chain for substitutable products under government subsidy [J]. Journal of Industrial and Production Engineering, 2022, 39 (4): 253 –276.

[58] Miao W, Zhu G, Shen B, et al. Emissions reduction and pricing of supply chain under cap – and – trade and subsidy mechanisms [J]. PloS one, 2022, 17 (4), Article ID e0266413.

[59] Mu Z, Li Q, Dai G, et al. Government Subsidy Policy and Online Selling Strategy in a Platform Supply Chain with Green R&D and DDM Activities [J]. Sustainability, 2022, 14 (15), Article ID: 9658.

[60] Liu P, Cui X, Li Y. Subsidy policies of a fresh supply chain considering the inputs of blockchain traceability service system [J]. Science and Public Policy, 2022.

[61] Li X, Kuang H, Hu Y. Using system dynamics and game model to estimate optimal subsidy in shore power technology [J]. IEEE Access, 2020 (8): 116310 –116320.

[62] Wang C, Jiao Y. Shipping companies' choice of low sulfur fuel oil with government subsidy and different maritime supply chain power structures [J]. Maritime Policy & Management, 2022, 49 (3): 323 – 346.

[63] Sun H, Zeng Q, Xiang H, et al. Competition model of cruise home ports based on the cruise supply chain – based on China cruise market [J]. Maritime Policy & Management, 2019, 46 (3): 277 –294.

[64] Li, Yan, and Jiao Yang. How Government Subsidy Impacts on the Supply Chain Decision for LNG – Fuelled Ships [J]. Mathematical Problems in Engineering, 2022.

[65] Ballini F, Bozzo R. Air pollution from ships in ports: The socio –

economic benefit of coldironing technology [J]. Research in Transportation Business & Management, 2015, 17: 92-98.

[66] Tseng P H, Pilcher N. A study of the potential of shore power for the port of Kaohsiung, Taiwan: To introduce or not to introduce [J]. Research in Transportation Business & Management, 2015, 17: 83-91.

[67] Sciberras E A, Zahawi B, Atkinson D J. Electrical characteristics of cold ironing energy supply for berthed ships [J]. Transportation Research Part D: Transport and Environment, 2015, 39: 31-43.

[68] Kotrikla A M, Lilas T, Nikitakos N. Abatement of air pollution at an Aegean island port utilizing shore side electricity and renewable energy [J]. Marine Policy, 2017, 75: 238-248.

[69] Vaishnav P, Fischbeck P S, Morgan M G, et al. Shore power for vessels calling at US ports: benefits and costs [J]. Environmental science & technology, 2016, 50 (3): 1102-1110.

[70] Winkel R, Weddige U, Johnsen D, et al. Shore side electricity in Europe: Potential and environmental benefits [J]. Energy Policy, 2016, 88: 584-593.

[71] Innes A, Monios J. Identifying the unique challenges of installing cold ironing at small and medium ports - The case of Aberdeen [J]. Transportation Research Part D: Transport and Environment, 2018, 62: 298-313.

[72] Zis T. Prospects of cold ironing as an emissions reduction option [J]. Transportation Research Part A: Policy and Practice, 2019, 119: 82-95.

[73] Lu H, Huang L. Optimization of shore power deployment in green ports considering government subsidies [J]. Sustainability, 2021, 13 (4): 1640.

[74] Kim K. Characteristics of Economic and Environmental Benefits of Shore Power Use by Container – Ship Size [J]. Journal of Marine Science and Engineering, 2022, 10 (5): 622.

[75] Zhen L, Wang W, Lin S. Analytical comparison on two incentive policies for shore power equipped ships in berthing activities [J]. Transportation Research Part E: Logistics and Transportation Review, 2022, 161: 102686.

[76] Bakar N N A, Bazmohammadi N, Vasquez J C, et al. Electrification of onshore power systems in maritime transportation towards decarbonization of ports: A review of the cold ironing technology [J]. Renewable and Sustainable Energy Reviews, 2023, 178: 113243.

[77] Martínez – López A, Romero – Filgueira A, Chica M. Specific environmental charges to boost Cold Ironing use in the European Short Sea Shipping [J]. Transportation Research Part D: Transport and Environment, 2021, 94: 102775.

[78] Sifakis N, Vichos E, Smaragdakis A, et al. Introducing the cold - ironing technique and a hydrogen - based hybrid renewable energy system into ports [J]. International Journal of Energy Research, 2022, 46 (14): 20303 – 20323.

[79] Bakar N N A, Bazmohammadi N, Çimen H, et al. Data – driven ship berthing forecasting for cold ironing in maritime transportation [J]. Applied Energy, 2022, 326: 119947.

[80] Piccoli T, Fermeglia M, Bosich D, et al. Environmental assessment and regulatory aspects of cold ironing planning for a maritime route in the Adriatic Sea [J]. Energies, 2021, 14 (18): 5836.

[81] Spengler T, Tovar B. Potential of cold – ironing for the reduction of externalities from in – port shipping emissions: The state – owned

Spanish port system case [J]. Journal of Environmental Management, 2021, 279: 111807.

[82] Seyhan A, Ay C, Deniz C. Evaluating the emission reduction efficiency of automatic mooring system and cold ironing: the case of a port in IzmitBay [J]. Australian Journal of Maritime & Ocean Affairs, 2023, 15 (2): 227 - 245.

[83] Bakar N N A, Uyanik T, Arslanoglu Y, et al. Two - stage energy management framework of the cold ironing cooperative with renewable energy for ferry [J]. Energy Conversion and Management, 2024, 311: 118518.

[84] Vaishnav P, Fischbeck P S, Morgan M G, et al. Shore Power for Vessels Calling at USP or ts - Benefits and Costs [J]. Environmental Science & amp; Technology, 2015: acs. est. 5b04860.

[85] 赖柯宇，吴德梅，颜昌禄，等．船舶柴油机及燃油锅炉的低硫油切换程序 [J]. 广东造船，2021.

[86] 陈孟伟．船用低硫燃油的实验研究 [J]. 交通技术，2021, 10 (3): 154 - 163. https: //doi. org/10. 12677/OJTT. 2021. 103017.

[87] Yang L, Cai Y, Wei Y, et al. Choice of technology for emission control in port areas: A supply chain perspective [J]. Journal of Cleaner Production, 2019, 240: 118 - 125.

[88] Sang G F, Meng Y P. Game Analysis of Port and Ship Decisions on Emission Reduction Under Carbon Tax Policy [J]. Science and Technology Management Research, 2019, 21 (3): 227 - 235.

[89] 范瀚文，常征，付康．碳配额约束下港口企业绿色技术采纳补贴博弈 [J]. 大连海事大学学报，2022, 48 (1): 23 - 30. DOI: 10. 16411/j. cnki. issn1006 - 7736. 2022. 01. 003.

[90] Vedachalam S, Baquerizo N, Dalai A K. Review on impacts of

low sulfur regulations on marine fuels and compliance options [J]. Fuel, 2022, 310: 122243.

[91] Wang C, Jiao Y, Peng J. Shipping company's choice of shore power or low sulfur fuel oil under different power structures of maritime supply chain [J]. Maritime Policy & Management, 2023: 1 – 20.

[92] Alasali F, Haben S, Becerra V, et al. Optimal energy management and MPC strategies for electrified RTG cranes with energy storage systems [J]. Energies, 2017, 10 (10): 1598.

[93] Antonelli M, Ceraolo M, Desideri U, et al. Hybridization of rubber tired gantry (RTG) cranes [J]. Journal of Energy Storage, 2017, 12: 186 – 195.

[94] Jonathan Y C E, Kader S B A. Prospect of emission reduction standard for sustainable port equipment electrification [J]. International Journal of Engineering, 2018, 31 (8): 1347 – 1355.

[95] Phiri S F. Optimal energy control of a rubber tyred gantry crane with potential energy recovery [D]. Central University of Technology, 2021.

[96] Kusakana K. Optimal energy management of a retrofitted Rubber Tyred Gantry Crane with energy recovery capabilities [J]. Journal of Energy Storage, 2021, 42: 103050.

[97] Tang G, Li M, Fang Z, et al. Efficiency and energy consumption of the automated container yard with twin rail – mounted gantry cranes considering crane scheduling strategies and handshake area designs [J]. Simulation Modelling Practice and Theory, 2024: 102981.

[98] Piris A O, Díaz – Ruiz – Navamuel E, Pérez – Labajos C A, et al. Reduction of CO_2 emissions with automatic mooring systems. The case of the port of Santander [J]. Atmospheric Pollution Research, 2018,

9 (1): 76 –83.

[99] Díaz – Ruiz – Navamuel E, Piris A O, Pérez – Labajos C A. Reduction in CO_2 emissions in RoRo/Pax ports equipped with automatic mooring systems [J]. Environmental Pollution, 2018, 241: 879 –886.

[100] Seyhan A, Ay C, Deniz C. Evaluating the emission reduction efficiency of automatic mooring system and cold ironing: the case of a port in Izmit Bay [J]. Australian Journal of Maritime & Ocean Affairs, 2023, 15 (2): 227 –245.

[101] Díaz – Ruiz – Navamuel, Emma, et al. "Influence of Ships Docking System in the Reduction of CO_2 Emissions in Container Ports." Sustainability 13. 9 (2021): 5051.

[102] Ramos V, Carballo R, Álvarez M, et al. A port towards energy self – sufficiency using tidal stream power [J]. Energy, 2014, 71: 432 –444.

[103] Lamberti T, Sorce A, Di Fresco L, et al. Smart port: Exploiting renewable energy and storage potential of moored boats [C] // OCEANS 2015 – Genova, 2015: 1 –3.

[104] Elkafas, Ahmed G. , and Ibrahim S. Seddiek. "Techno – economic and environmental analysis for the application of renewable energy sources in seaports." Environmental Science and Pollution Research (2024): 1 –15.

[105] Lam J S L, Ko M J, Sim J R, et al. Feasibility of implementing energy management system in ports [C] //2017 IEEE International Conference on Industrial Engineering and Engineering Management (IEEM), Singapore, 2017: 1621 –1625.

[106] Zhao Q, Xu H, Wall R S, et al. Building a bridge between port and city: Improving the urban competitiveness of port cities [J].

Journal of Transport Geography, 2017, 59: 120 – 133.

[107] Al – Falahi M D, Nimma K S, Jayasinghe S D, et al. Power management optimization of hybrid power systems in electric ferries [J]. Energy Conversion and Management, 2018, 172: 50 – 66.

[108] Li N, Chen G, Govindan K, et al. Disruption management for truck appointment system at a container terminal: A green initiative [J]. Transportation Research Part D: Transport and Environment, 2018, 61: 261 – 273.

[109] Xie C, Huang L, Wang R, et al. Research on quantitative risk assessment of fuel leak of LNG – fuelled ship during lock transition process [J]. Reliability Engineering & System Safety, 2022, 221: 108368.

[110] Buonomano, Annamaria, et al. "Future pathways for decarbonization and energy efficiency of ports: Modelling and optimization as sustainable energy hubs." Journal of Cleaner Production 420 (2023): 138389.

[111] Kong L, Ji M, Yu A, et al. Scheduling of automated guided vehicles for tandem quay cranes in automated container terminals [J]. Computers & Operations Research, 2024, 163: 106505.

[112] Song X, Chen N, Zhao M, et al. Novel AGV resilient scheduling for automated container terminals considering chargingstrategy [J]. Ocean & Coastal Management, 2024, 250: 107014.

[113] Zhang X, Jia N, Song D, et al. Modelling and analyzing the stacking strategies in automated container terminals [J]. Transportation Research Part E: Logistics and Transportation Review, 2024, 187: 103608.

[114] Bae H Y, Choe R, Park T, et al. Comparison of operations of AGVs and ALVs in an automated container terminal [J]. Journal of Intel-

ligent Manufacturing, 2011, 22 (3): 413 -426.

[115] Rashidi H, Tsang E P. A complete and an incomplete algorithm for automated guided vehicle scheduling in container terminals [J]. Computers & Mathematics with Applications, 2011, 61 (3): 630 -641.

[116] Pjevčević D, Vladisavljević I, Vukadinović K, et al. Application of DEA to the analysis of AGV fleet operations in a port container terminal [J]. Procedia - Social and Behavioral Sciences, 2011, 20: 816 - 825.

[117] Skinner B, Yuan S, Huang S, et al. Optimisation for job scheduling at automated container terminals using genetic algorithm [J]. Computers & Industrial Engineering, 2013, 64 (1): 511 -523.

[118] Xin J, Negenborn R R, Lodewijks G. Energy - aware control for automated container terminals using integrated flow shop scheduling and optimal control [J]. Transportation Research Part C: Emerging Technologies, 2014, 44: 214 -230.

[119] Hu H, Zhang Y, Wang T, et al. A three - stage decomposition method for the joint vehicle dispatching and storage allocation problem in automated container terminals [J]. Computers & Industrial Engineering, 2019, 129: 90 -101.

[120] Singh N, Dang Q V, Akcay A, et al. A matheuristic for AGV scheduling with battery constraints [J]. European Journal of Operational Research, 2022, 298 (3): 855 -873.

[121] Wu B, Chi X, Zhao C, et al. Dynamic Path Planning for Forklift AGV Based on Smoothing A* and Improved DWA Hybrid Algorithm [J]. Sensors, 2022, 22 (18): 7079.

[122] Gao, Yin, Daofang Chang, and Chun - Hsien Chen. “A digital twin - based approach for optimizing operation energy consumption at au-

tomated container terminals. " Journal of Cleaner Production 385 (2023): 135782.

[123] Li Angda, et al. " An integrated simulation and AHP - entropy - based NR - TOPSIS method for automated container terminal layout planning. " Expert Systems with Applications 225 (2023): 120197.

[124] Cohen M A, Vandenbergh M P. The potential role of carbon labeling in a green economy [J]. Energy Economics, 2012, 34: S53 - S63.

[125] Michaud C, Llerena D, Joly I. Willingness to pay for environmental attributes of non - food agricultural products: a real choice experiment [J]. European Review of Agricultural Economics, 2013, 40 (2): 313 - 329.

[126] Yu, S., Hou, Q. Supply chain investment in carbon emission - reducing technology based on stochasticity and low - carbon preferences. Complexity 2021, 2021, 8881605.

[127] Xu C, Jing Y, Shen B, et al. Cost - sharing contract design between manufacturer and dealership considering the customer low - carbon preferences [J]. Expert Systems with Applications, 2023, 213: 118877.

[128] Gao M, Xia L, Xiao Q, et al. Incentive strategies for low - carbon supply chains with information updating of customer preferences [J]. Journal of Cleaner Production, 2023, 410: 137162.

[129] Ding F, Lu Z, Jin M, et al. Manufacturer's Encroachment and Carbon Emission Reduction Decisions Considering Cap - and - Trade Regulation and Consumers' Low - Carbon Preference [J]. International Journal of Environmental Research and Public Health, 2022, 19 (16): 10407.

[130] Sun L, Cao X, Alharthin M, et al. Carbon emission transfer

strategies in supply chain with lag time of emission reduction technologies and low – carbon preference of consumers – ScienceDirect [J]. Journal of Cleaner Production, 2020 (264). DOI: 10.1016/j.jclepro.2020.121664.

[131] Zhu, J Lu, Y Jiang, W. Using blockchain or not? A focal firm's blockchain strategy in the context of carbon emission reduction technology innovation [J]. Business Strategy and the Environment, 2024.

[132] Zhou H, Zhang W. Choice of Emission Control Technology in Port Areas with Customers' Low – Carbon Preference [J]. Sustainability, 2022, 14 (21): 13816.

[133] 马冬. 强化船舶排放污染治理构建绿色航运体系 [N/OL]. 中国环境报, (2018 – 04 – 24). [2021 – 04 – 12]. http://49.5.6.212/html/2018 – 04/24/content_72019.htm.

[134] 镇璐, 诸葛丹, 汪小帆. 绿色港口与航运管理研究综述 [J]. 系统工程理论与实践, 2020 (8): 2037 – 2050.

[135] HALL W J. Assessment of CO_2 and priority pollutant reduction by installation of shoresidepower [J]. Resources Conservation & Recycling, 2010, 54 (7): 462 – 467.

[136] 海事局. 关于十三届全国人大二次会议第1885号建议的答复函 [EB/OL]. 海事局. (2019 – 07 – 11). [2024 – 08 – 16]. https://xxgk.mot.gov.cn/2020/jigou/haishi/ 202006/t20200630 _3319436.html.

[137] PSARAFTIS H N, KONTOVAS C A. Balancing the economic and environmental performance of maritime transportation [J]. Transportation Research Part D: Transport and Environment, 2010, 15 (8): 458 – 462.

[138] ACCIARO M, GHIARA H, CUSANO M I. Energy management in seaports: a new role for port authorities [J]. Energy Policy, 2014, 71 (8): 4 – 12.

[139] Le S T. Research on Drivers and Barriers to the Implementation of Cold Ironing Technology in Zero Emissions Port [J]. Environmental Health Insights, 2024, 18: 11786302241265090.

[140] REUSSER C A, PÉREZ J R. Evaluation of the emission impact of cold – ironing power systems, using a bidirectional power flow control strategy [J]. Sustainability, 2020, 13: 1 – 16.

[141] MARTÍNEZ – LÓPEZ A, ROMERO A, OROSA J A. Assessment of cold ironing and LNG as mitigation tools of short sea shipping emissions in port: a spanish case study [J]. Applied Sciences, 2021, 11 (5): 1 – 16.

[142] CAO D, MA Z, ZHENG W, et al. Research on energy efficiency economy and environmental benefit evaluation method of ship shore electricity technology [C]// Editor Unknown. 2017 4th International Conference on Information Science and Control Engineering (ICISCE). ChangSha: IEEE, 2017: 1636 – 1640.

[143] DARIUSZ T, SERGIEJ G G. International standardization in the design of "Shore to Ship" – power supply systems of ships in port [J]. Management Systems in Production Engineering, 2018, 26 (1): 9 – 13.

[144] Zis T, Angeloudis P, Bell M G H, et al. Payback period for emissions abatement alternatives – role of regulation and fuel prices [J]. Transportation Research Record: Journal of the Transportation Research Board, 2016, 2549 (1): 37 – 44.

[145] 冯华，林朝华，张旭．基于沿海港口的岸电运营系统经济性分析 [J]. 港工技术，2018, 242 (2): 73 – 77.

[146] Panasiuk I, Lebedevas S. The assessment of the possibilities for the Lithuanian fleet to comply with new environmental requirements

[J]. Transport, 2014, 29 (1): 50 -58.

[147] Antturi J, Hänninen O, Jalkanen J P, et al. Costs and benefits of low - sulfur fuel standard for Baltic Sea shipping [J]. Journal of Environmental Management, 2016, 184: 431 -440.

[148] 朱现场，周珊，陈伟民．基于全寿命周期的船舶硫化物减排措施的经济性 [J]. 上海船舶运输科学研究所学报，2019，42 (3): 31 -48.

[149] 吴俊妮，吕靖，林驿．基于三阶段博弈模型的船舶使用岸电条件下港口减排策略研究 [J]. 数学的实践与认识，2020 (7): 27 -37.

[150] Qian X, Wei L, Yang J. Game theory analysis of technology adoption timing and pricing decision in supply chain system under asymmetric Nash equilibrium [J]. Journal of Intelligent & Fuzzy Systems, 2018 (13): 1 -11.

[151] Yang L, Zhang Q, JI J. Pricing and carbon emission reduction decisions in supply chains with vertical and horizontal cooperation [J]. International Journal of Production Economics, 2017, 191 (9): 286 -297.

[152] Cui H, Notteboom T. Modelling emission control taxes in port areas and port privatization levels in port competition and co - operation sub - games [J]. Transportation Research Part D Transport & Environment, 2017, 56 (10): 110 -128.

[153] 交通运输部．交通运输部关于印发船舶大气污染物排放控制区实施方案的通知 [Z]. 2018 -11 -30.

[154] Hall, W. “Assessment of CO_2 and priority pollutant reduction by installation of shore power,” Resour. Conserv. Recycl, vol. 54, pp. 462 -467, 2010.

[155] Che C, Zhang Z, Zhang X, et al. "Two - stage pricing decision for low - carbon products based on consumer strategic behaviour", *Complexity*, vol. 2021.

[156] Wang Q P, Zhao D Z. "Cooperative strategy of carbon emissions reduction and promotion in a two - echelon supply chain," *control and decision* , vol. 2014, no. 2, pp. 307 - 314, 2014.

[157] Su C, Liu X, Du W. "Green supply chain decisions considering consumers'low - carbon awareness under different government subsidies," Sustainability, vol. 12, no. 6, 2281. 2020.

[158] Cheng P, Ji G, Zhang G, et al. "A closed - loop supply chain network considering consumer's low carbon preference and carbon tax under the cap - and - trade regulation" . *Sustainable Production and Consumption*, vol. 29, pp: 614 - 635, 2022.

[159] Sana S S. "Sale through dual channel retailing system—A mathematical approach", *Sustainability Analytics and Modeling*, vol. 2, Article ID 100008, 2022.

[160] Chen S, Su J, Wu Y, et al. "Optimal production and subsidy rate considering dynamic consumer green perception under different government subsidy orientations", *Computers & Industrial Engineering*, vol. 168, Article ID 108073, 2022.

[161] Long Q, Tao X, Chen Y, et al. Exploring combined effects of dominance structure, green sensitivity, and green preference on manufacturing closed - loop supply chains [J]. International Journal of Production Economics, vol. 251, Article ID 108537, 2022.

[162] Xing H, Stuart C, Spence S, et al. "Alternative fuel options for low carbon maritime transportation: Pathways to 2050", *Journal of Cleaner Production*, vol. 297, Article ID 126651, 2021.

[163] China Port, "Management Suggestions on the development of China's shore power," http://www.escn.com.cn/news/show-430111.html.(Accessed 12 June 2017), 2017.

[164]《全国碳市场发展报告(2024)》:上半年月均成交量上涨174.9% [J]. 新民周刊, 2024 (28): 39.

[165] Zhu W., He Y. "Green product design in supply chains under competition. *European Journal of Operational Research*, vol. 258, no. 1, pp: 165-180, 2017.

[166] Asadabadi A., Miller-Hooks E. "Timal transportation and shoreline infrastructure investment planning under a stochastic climate future," *Transp. Res. Part B Methodol*, vol. 100, pp: 156-174, 2017.

[167] Liu W., Wang S., Zhu D., et al. "Order allocation of logistics service supply chain with fairness concern and demand updating: model analysis and empirical examination," *Ann. Oper. Res.* vol. 2, pp: 1-37, 2017.

[168] Xu X, He P, Xu H, et al. "Supply chain coordination with green technology under cap-and-trade regulation," *International Journal of Production Economics*, 2017, 183: 433-442.

[169] Yang L, Hu Y, Huang L. "Collecting mode selection in a remanufacturing supply chain under cap-and-trade regulation," *European Journal of Operational Research*, vol. 287, no. 2, pp: 480-496, 2020.

[170] Ebrahimi S, Hosseini-Motlagh S M, Nematollahi M, et al. "Coordinating double-level sustainability effort in a sustainable supply chain under cap-and-trade regulation," *Expert Systems with Applications*, vol. 207, Article ID: 117872, 2022.

[171] Xue, Kelei, and Guohua Sun. "Impacts of Supply Chain

Competition on Firms' Carbon Emission Reduction and Social Welfare under Cap – and – Trade Regulation. " *International Journal of Environmental Research and Public Health*, vol. 19, no. 6: 3226, 2022.

[172] Yang, Man, Tao Zhang, and Yuhao Zhang. "Optimal pricing and green decisions in a dual – channel supply chain with cap – and – trade regulation. " *Environmental Science and Pollution Research*, vol. 29, no. 19: 28208 – 28225, 2022.

[173] Liu, Caiyun, and Kebing Chen. "The Optimal Order and Production Strategies of Supply Chain with a Stochastic Demand under Carbon Cap – and – Trade Mechanism. " *Journal of Systems Science and Systems Engineering*, vol. 2022: 1 – 29, 2022.

[174] Xing Y, Yang H, Ma X, et al. "Optimization of ship speed and fleet deployment under carbon emissions policies for container shipping," *Transport*, vol. 34, no. 2, pp: 260 – 274, 2019.

[175] Haehl C, Spinler S. "Technology choice under emission regulation uncertainty in international container shipping," *European Journal of Operational Research*, vol. 284, no. 1, pp: 383 – 396, 2020.

[176] Hoang A T, Foley A M, Nižetić S, et al. "Energy – related approach for reduction of CO_2 emissions: A strategic review on the port – to – ship pathway," *Journal of Cleaner Production*, Article ID: 131772, 2022.

[177] Su C, Liu X, Du W. "Green supply chain decisions considering consumers' low – carbon awareness under different government subsidies," *Sustainability*, vol. 12, no. 6: 2281, 2020.

[178] Pan Y, Hussain J, Liang X, et al. A duopoly game model for pricing and green technology selection under cap – and – trade scheme," *Computers & Industrial Engineering*, 153: 107030, 2021.

[179] Chen, K. , Wang, X. , Huang, M. . "Salesforce contract de-

sign, joint pricing and production planning with asymmetric overconfidence sales agent," *Journal of Industrial & Management Optimization*, vol. 13, no. 2, pp: 51 –59, 2017.

[180] Liu, W. , Wang, D. , Tang, O. , et al. "The impacts of logistics service integrator's over confidence behavior on supply chain decision under demand surge," *European Journal of Industrial Engineering*, 2018, 12 (4): 558 –597.

[181] Liu Z. , Anderson T. , Cruz J. . "Consumer environmental awareness and competition in two – stage supply chains," *European Journal of Operational Research*, vol. 218, no. 3, pp: 602 –613, 2012.

[182] DARIUSZ T, SERGIEJ G G. International standardization in the design of "shore to ship" – power supply systems of ships in port [J]. Management Systems in Production Engineering, 2018, 26 (1): 9 –13.

[183] 董晓青. 绿色港口发展现状及构建的浅析 [J]. 物流工程与管理, 2015, 37 (2): 10 –11.

[184] 李勇, 张旭, 林朝华. 基于政府补贴政策下的岸电技术经济性分析 [J]. 港工技术, 2018, 55 (3): 88 –92.

[185] Asadabadi A, Miller – Hooks E. Optimal transportation and shoreline infrastructure investment planning under a stochastic climatefuture [J]. Transportation Research Part B: Methodological, 2017, 100: 156 –174.

[186] Yang L, Zheng C, XU M. Comparisons of low carbon policies in supply chain coordination [J]. Journal of Systems Science and Systems Engineering, 2014, 23 (3): 342 –361.

[187] Ghosh D, Shah J. A comparative analysis of greening policies across supply chain structures [J]. International Journal of Production Economics, 2012, 135 (2): 568 –583.